わたしの旅ブックス
059

70歳のバックパッカー

下川裕治

産業編集センター

70歳のバックパッカー―目次

〔表紙カバー写真〕
中田浩資

第一章 二十七歳、僕はバックパッカーになった。

僕は元祖バックパッカーとか、バックパッカーのレジェンドなどともいわれる旅行作家である。しかしこう呼ばれると、とらえどころのない居心地の悪さに陥る。出版界と長くつきあってきた。本を書くことが多くなる前は、新聞や週刊誌の世界を苦しい息継ぎで泳いでいた。目を惹くキャッチをつけることも仕事だった。しかし、著者という立場になり、そう呼ばれるたびにギクッとし、誰か別の人に声をかけているのではないかと後ろを振り返ってしまうことがある。

そもそも僕は、自分がバックパッカーだと思ったことがない。たしかに僕の旅は節約歩調である。七十歳になったが、旅の世界でいうところの安宿に抵抗感はない。安ければ満足するタイプである。タクシーにはあまり乗らない。高いからだ。街の人と一緒にバスに揺られる。

「それがバックパッカーなんですよ」

と周囲からいわれる。三十年以上、旅の本を書いてきたから、バックパッカーの旅がどういうものかはわかる。僕の旅は、その行動だけを見ればバックパッカースタイルなのかもしれないが、意識が違う。バックパッカー旅をするぞ……と意気込んで長距離バスに乗った記憶は一回もない。

僕が世界を歩きはじめた頃、物価の安い途上国への旅は一般的ではなかった。そのあたりは、当時の宿事情を伝えれば理解しやすいかもしれない。僕の旅は一九七〇年代にはじまっている。あの頃のアジアやアフリカの街の宿は二種類しかなかった。ひとつは政府の要人や欧米人のビジネスマンが泊まる高級ホテル。もうひとつはその国の庶民が泊まる宿だった。首都の街には中間的な宿もあったと思うが、そこから離れると、宿は街一軒の高級ホテルか庶民宿の二者択一を迫られた。

旅の資金は乏しかったから、僕は庶民宿に泊まるしかなかった。それがバックパッカー旅でいうところの安宿だった。

旅の構造はおよそすべてが、この二者択一に収斂されていった。移動の足は、タクシーや手配した車に乗るか、路線バスに揺られるかしかなかった。食事は高級ホテルのレストランに座るか、路上の屋台でそばを啜るかに振り分けられた。

現地の庶民と同じように旅をすることは大変なことだった。途上国の治安はよくなかったから、スリや置き引きといった窃盗にも注意をしなくてはならなかった。安宿に泊まり、路線バスに乗り、屋台で飯を食う……。それは貧しい国を歩くためには必要不可欠なことだった。旅人は現地に染まらなければ先に進むことができなかった。僕が身につけたものはそんな旅の技術だった。それが体に馴染み、ストレスが消えていったとき、旅人になれた気がしたものだった。


それから二十年以上の年月が流れ、多くの若者が途上国を歩くようになった。そのなかからバックパッカーブームが生まれていくのだが、彼らの旅は僕の目には、貧しい旅体験に映り、どこかゲームのようなにおいすらした。おさまりのつかない違和感はその頃から心の一角を占めていた。

バックパッカーブームという風潮に反発し、バックパッカーと呼ばれることに渋い顔をしていたこともあった。しかし多勢に無勢の形勢はますます強くなり、僕はなぜバックパッカーではないのかと説明するのも疲れてしまった。そこには旅への思いというセンシティブなものも含まれていたから、わかってくれる人も少なかった気がする。

この本でも、僕はバックパッカーという呼び名を使うか、使わないかでずいぶん悩んだ。本だから、なぜ僕はバックパッカーではないのか……と丁寧に説明できたが、

「だからバックパッカーなんでしょ」

と返されると、また答えに困った。バックパッカーは、その旅の中身を度外視し、節約旅のすべてを飲み込んでしまっていた。

原稿に向かいながら僕は迷い、バックパッカーを受け入れることにしたが、その背後にはそんな葛藤も潜んでいる。

話を蒸し返すようで申し訳ないが、僕が旅をはじめた頃、日本にはバックパッカー

という言葉が届いていなかった。もちろん僕も知らなかった。当然、バックパッカーの語源になったバックパックという単語も知らなかった。背負うバッグのことを、日本ではザックとかリュックと呼んでいた。そして、海外への旅に出るとき、そんなものを背負うとは考えてもみなかった。一九七六年の八月、僕ははじめて海外に出たが、そのとき、荷物は大き目のショルダーバッグに詰めて空港に向かった。僕は高校時代、山岳部に入っていたから、ザック、そうバックパックはもっていた。しかしそれは部屋に置いていた。

はじめての海外はタイだった。父親は高校の教師で、教え子のひとりが駐在員としてバンコクに暮らしていた。その家にお世話になった。当時のタイは反日運動に揺れていた。その拠点のひとつであるチュラロンコン大学を案内してもらった。学内に十数枚の似顔絵が掲げてあった。訊くと、反日運動のデモに参加し、死亡した学生たちだと教えられた。

日本も左翼運動の拠点は大学だった。日本の大学では全共闘運動が吹き荒れた時期があった。僕が入学した時期は、そのピークはすぎていたとはいえ、学内ではしばしばデモが打たれ、ストライキが起きていた。夜、教室から椅子や机を持ち出し、それを積みあげて針金で固定していく。僕は軍手をはめ、その作業をつづける学生だった。

しかしデモの渦中にいても、死を意識することはなかった。放水車の水を浴びても、そこで死ぬことなど考えてもいなかった。しかしタイの大学生の反日運動は違った。

はじめての海外への旅は、僕の手に余るほど大変だった。エアーサイアムという飛行機に乗ってバンコクに着いたのだが、タイ滞在中に、その航空会社が倒産してしまった。タイ国際航空に振り替えてくれることになったが、その手つづきのために、ドンムアン空港に日参しなければならなかった。航空会社のカウンターで、思うように英語が口から出ない自分に苛だっていた。

しかしその後、タイ、いや海外というものに僕は一気にのめり込んでいく。大学よりはるかに刺激に満ちていたし、不謹慎ないい方かもしれないが、学生運動より面白かった。僕はいまだに運転免許をもっていないが、その理由は学生時代に免許をとらなかったからだ。当時の大学生、いや、いまもそうなのかもしれないが、大学が長い休みになる夏や春に、実家に帰るなりして運転免許をとっていた。しかし僕は長い休みになるたびに、アルバイトで稼いだ金をつぎ込んで海外に向かっていた。

二回目の海外……やはりタイだった。バンコクから北部のチェンラーイに向かった。当時の大学生の渡航先は欧米が多かった。外国といえばまずアメリカ……そんな風潮すらあった。ローンを組んで卒業旅行で海外に行くことが流行りはじめていた。返済は就職後の給料から払っていくシステムだった。その渡航先の大半は欧米だった。

僕が通っていた大学の学生は、商社や流通、金融といった分野の大企業に就職する人が多かった。そのなかで片足とはいえ、学生運動にかかわるような学生は、あるラインから外れてしまうような空気があった。そもそも憧れて入学した大学ではない。一年の予備校通いを経た僕は、合格した大学のなかで最も偏差値が高いところを選んだようなところがあった。大学に通いはじめて感じとったある種の違和感は、自分の志向も考えず、受験勉強の代償を求めるように大学を決めていったツケのようだった。

あの頃の東南アジアは、日本人男性が遊びに行く渡航先というイメージすらあった。周囲の人々も、僕が「タイに行ってきた」というと、

「若いのによく……」

などということもあった。「タイは若いうちに行け。」というタイ国際航空のキャッチコピーがあたり、若者や女性が次々にタイに行くようになる二十年ほど前の話だ。はじめての海外をタイにしたのは、どこか日本社会の王道を歩くことに疑問をもたない大学の学風への反発もあった気がする。ひとりでタイに行くことは、都会的でスマートな同級生たちに向かっての精一杯の自己主張だった気もする。

しかし旅行者としては駆け出しだった。知り合いを通してカメラマンを紹介してもらい、タイのチェンラーイの話を訊き、教えてもらったチェンラーイホテルに向かった。いまにして思えば、しごくまっとうなホテルだったが、窓枠に鉄格子がはめられた部屋で僕はほとんど眠ることができなかった。

翌朝、僕はチェンラーイの最高級ホテルに移った。一泊九十ドルほどした記憶がある。タイではかなりの金額だった。当時、日本円は二百円を超えていたと思うから二万円近くしたわけだ。学生の分際でよくそんな金があったと思う。いまの僕なら考えられないことだが、当時はそんな旅行者だったのだ。

最高級のホテルだから、一日遅れでバンコクで発行される英字新聞がロビーに置かれていた。その誌面で、全共闘運動の流れのなかで生まれた新左翼の第四インターが、成田空港の管制塔に突入した事件を知った。成田空港管制塔占拠事件である。僕はそこまでの過激さはなかったが、海外にも出ず、大学内での左翼活動に専念していたら、閉塞感のなかで少しづつ武力闘争というものに近づいていったのかもしれなかった。

実際、学内でバリケードを築くとき、どう椅子や机を組み合わせていくかなどの指導したのは、新左翼系の人たちで、僕らよりは数歳は年上の人たちだった。

そのバリケードを押しのけるように、機動隊が学内に入った。バリケードのなかにいた僕らは一目散に逃げた。後になって、僕らを指導した彼らは、「機動隊を学内に入れたことで闘争は勝利した」といわれた。僕はその意味がわからなかった。

チェンラーイの高級ホテルのロビーで読んだ成田空港の事件を、どこか遠い国のできごとだと僕は思い込もうとしていた。目に前には、自転車リキシャが行き交うチェンラーイの街が見渡せた。


この街で、ひとりのオーストラリア人と会った。市場に近い食堂だった。僕はそこで朝食をとろうと思っていた。タイ語はまったく話すことができなかったから、トレーにできあがった料理が並び、それを指さし注文するスタイルの店だったと思う。ご飯の上に料理が載った皿を手に店内に入った。店の奥で欧米人がひとりビールを飲んでいた。目が合い、彼は「ここに座れよ」といった笑顔を送ってきた。

「ビールは一日一本って決めてるんだ」

彼の前に座ると、訊きもしないのにそう口にした。三十歳くらいだろうか。ひげ面の顔を緩めて右手を差しだした。僕は慌てて握手に応じた。

僕をいっぱしの旅行者のように思ったのかもしれない。窓に鉄格子がはまったホテルでは眠ることもできず、高級ホテルに移った学生だとは思ってもいないようだった。チェンラーイの街には外国人の姿はまったくなかった。この街に一週間もいるという彼は人恋しかったのかもしれない。

彼は自分の旅をぽつり、ぽつりと話しはじめた。オーストラリアを出て二年になるといった。インドに一年ほど滞在し、その後は東南アジアをまわっているという。

僕は思いつく単語をつなぐようにして、チェンラーイにやってきた理由を話した。チェンラーイはタイの北端に近い街だった。アヘン栽培が盛んなタイ、ラオス、現在のミャンマーであるビルマという三ヵ国の国境地帯に広がるゴールデントライアングルにも近かった。日本でも、このエリアへの潜入記をまとめた本が何冊か発行されていた。その入口のひとつがチェンラーイだった。実際、街なかには、ビルマ北部に暮らす少数民族組織のオフィスがあった。

ひと晩、バスに揺られてこの街にやってきたのは、そんなエリアへの好奇心といえば聞こえはいいが、危険なエリアに入り込んで本にまとめるルポライターやジャーナリストのまねごとをしているようなところがあった。それでいて、現地のホテルでは眠ることもできず、早々に高級ホテルに移ってしまうレベルだったのだ。

頭でっかちな学生だったのだろう。現地に入り込んでいく度胸もないくせに知識だけはあった。オーストラリア人は僕の話を聞きながら、「ここはそんなに危ないところだったのか」とおどけたような顔をした。彼はそんな政治状況には興味がないようだった。旅人だったのだ。僕の話に合わせようとしたのか、インドの辺境に行ったとき、バスを降りると、目の前にズラーと銃を構えた兵士が並んでいた……などという話を返してきた。

彼はオーストラリアの工事現場で働く労働者だった。そしてこうつづけた。

「オーストラリアで一年働けば、インドや東南アジアのバックパッカー旅を三年はできる」

記憶を辿れば、このとき、僕ははじめてバックパッカーという言葉を聞いた気がする。

「バックパッカー?」

彼から旅の方法やどんなエリアを選んでいくかといった話も聞いたと思う。しかし、バックパックを背負ってつづける旅に、「そうか、そういう旅ができるんだ」と目を輝かせたわけではなかった。だから話の内容もおぼろげである。しかしバックパッカー旅は、僕のなかに棲みついてしまう。大げさにいえば僕の生き方という世界にぽとりッと落ちた。そしてその旅のスタイルは、その後、じわり、じわりと湖の底の毬《まり》藻《も》のように育っていってしまうのだ。その発端は、「オーストラリアで一年働けば、三年は旅の空を見つづけることができる」という彼の言葉だった。


僕は信州で生まれ育った。地元の進学校に通い、そこそこの大学に進んだ。順風満帆というわけではないが、大学を卒業し、どこかの企業に勤めて社会人になっていくという人生にそれほどの疑問を感じてはいなかった。そこには受験戦争という世界を泳いできたという代償を求める意識もあったかもしれない。仕送りをつづけてくれた親の期待もわかっていた。

しかしチェンラーイの安い食堂で、僕にバックパッカーという言葉を教えてくれたオーストラリア人は、「一年働けば、三年は旅ができる」と自慢するわけでもなく淡々と語った。ありていにいえば、「旅をするために働く」という生き方だった。

逃避に近い旅に映った。旅はそれほどのものなのか……。しかし彼はそういう人生を歩んでいた。バックパッカーという言葉から僕が受けとったイメージは、働くことに生きがいをみつけていく人生からスピンアウトしていく生き方だった。旅のスタイルではなく、人生だった。

かかわった学生運動や、こうしてジャーナリストのまねごとをするようにチェンラーイにやってきたことは、すべては日本のなかで生まれた発想だった。日本にどっぷりと浸かっていた僕は、「オーストラリアで一年働けば三年は旅ができる」と語る男の前ではあまりに矮小でちっぽけだった。

その後、日本でもバックパッカーはブームになり、市民権を得ていくが、それは旅のスタイルでの広がりだったように思う。安宿を探し、現地の人と一緒に安食堂の傾いた椅子に座る。旅の費用をできるだけ節約し、夜行バスに揺られる……。

しかしブームになる十年以上前にバックパッカーという単語を聞いた僕は、日本を捨てて旅に出るという人生にも似た言葉として受けとっていた。バックパッカーは僕にとって人生をリタイアするようなネガティブな響きをもっていた。だからこそ、蠱惑な旅として、僕の心のなかに落ちてしまった。

しかし僕には旅に出るために働くという針を振り切るような発想に染まる勇気はなかった。僕は大学を卒業し、何社もの就職試験を受け、新聞社に就職した。新聞記者の仕事のスタイルは、一般の仕事とは違うかもしれないが、給料をもらっているわけだから、根本のところは同じだった。辞令を受ければ職場を変わらなくてはならなかったし、からみあった人間関係のなかを泳いでいかなくてはいけなかった。細かい不満はいくつもあったが、大筋でいえば、僕は新聞記者という仕事に手ごたえは感じていた。しかし同期の記者たちとの違いがひとつあった。学生時代にチェンラーイを訪ね、バックパッカー旅というものを知識として聞いていたことだった。「オーストラリアで一年働けば、三年は旅ができる」という人生があることを知っていたことだった。それは社会人としては逃避なのかもしれないが、ときに落ち込む夜には人生のセイフティーネットのように映ってもいた。

僕は六回ボーナスをもらって会社を辞めたが、なぜ辞表を出したのかといわれても、いまだ明快な答えを口にすることができない。もし、チェンラーイでオーストラリア人に会わなかったら、そのまま勤め、デスクぐらいにはなっていたかもしれない。同期にはそれなりに勤めあげ、いまは子会社の役員の席に座っている友人もいる。そういう人生を歩んだかもしれない。

当時の日本はまだバブル経済のなかにいて、僕にしても、会社を辞めて旅に出ても、いつかは別の会社に潜りこめるという甘さもあった気がする。会社に勤めれば、自由な暮らしに憧れることは当然のことで、そこを経験とか生活といった冷静な判断で踏みとどまるのが普通なのだろうが、僕は辞めてしまった。

辞表を出した後、上司からの説得がつづいた。入社して三年がたち、ようやく使いものになってきたところでの退社と映ったのだろうか。さすがに辞表にはそう書かなかったが、デスクから酒に誘われ、その席で、「旅に出たい」といったことが波紋を生んでしまった。上司にしたら、それは会社を辞める理由とはとても思えず、他社に引き抜かれることを隠そうと下手な嘘をついたと思われてしまったようだった。僕は大真面目に旅に出ようとしていたのだが、それは社会人が口にする退社理由にはならなかった。勝手に辞めることはできたが、世話になった上司たちだった。新聞記者は、ときに思い込みを修正できない記事を書くことがある。当然、抗議の嵐に晒されるが、それをどんと受け止めてくれた上司たちだった。

僕は「旅に出たい」と口にしたものの、行く国も決まっていなかった。旅の目的もない。旅を疑う上司は、コップにビールを注ぎながら、やんわりと訊いてくる。

それはとっさの思いつきだった。

「難民をこの目で見てみたい」

思ってもいない旅が口をついて出てしまった。少しはジャーナリスティックな理由をつければわかってくれるという浅はかな言葉でもあった。しかしそのひとことが伝言ゲームのように伝わり、編集長、編集局長と説得にあたる上司の役職があがるにつれ、彼らは難民の話を切り口にしてきた。僕は仕事の合間を縫って、難民の現状を調べるという、なんだか妙な話の展開になっていってしまった。

旅とは不思議なもので、難民について調べていくうちに、どことなくコースも決まってきてしまった。もともと目的のないまっさらな旅への思いは、思いのほか染まりやすい。

買ったのはパキスタン航空のチケットだった。やはり安かった。マニラ、バンコク、カラチ、カイロを経由し、フランクフルトに向かう便だった。有効期間は一年オープン。一年以内に日本に帰るつもりはあった気がする。

成田空港の搭乗口の大きな窓越しに滑走路を眺める。その奥に広がる林に、穏やかな秋の日射しが注いでいた。テレビにはプロ野球の日本シリーズが映しだされていた。この空港の管制塔に第四インターが突入してから七年がたっていた。その事件で成田空港の開港は大きく遅れたが、空港のなかはなにも知らないかのように搭乗案内が流れていた。空港に入るには、かなり厳しいセキュリティチェックを受けなくてはならなかったが。

最初に向かったのはベルリンだった。大学は違ったが、同人誌にかかわった縁で知り合った友人が、ベルリン自由大学に留学していた。地方都市の病院の息子だったが、医学部に進むことができなかった。僕らはよく酒を飲んだ。互いに金がなかったから、高田馬場の安い居酒屋の暖簾をくぐることが多かったが、彼はいつもスーツにネクタイ姿だった。

ベルリンのさびれた一角にあった彼のアパートに数日世話になった。そこで作家の田中小実昌氏に会った。ベルリンに一軒の日本料理屋があった。そこで彼は昼間は麻雀を打ち、夜はだらだらと酒を飲んでいた。直木賞を受けた有名な作家だったから、彼の周りにはいつもベルリンに住む日本人が集まっていた。僕もその輪に加えてもらっただけだったが、僕はそこでバス話を聞いた。朝、朝食を食べると、彼は宿の前からバスに乗るのだという。ドイツ語が堪能なわけでもなく、ベルリンの街もよく知らない。バスに乗った彼は終点まで行き、そこから同じ路線のバスに乗って宿に戻ってくるのだという。田中氏はそれを「バス遊び」と彼特有の口調で皆に話すのだった。

聞いた話では、田中氏はＪＴＢの『旅』という雑誌に連載をもっていて、それを書くためにベルリンにきているようだった。新聞社で働き、そこで手にしたさして多くもない金をトラベラーズチェックやアメリカドルの現金に替えて僕は旅に出た。そこには、「一年働けば、三年は旅ができる」という旅の空への憧れのようなものがあったが、その思いを突き詰めていけば、どこか田中氏のように原稿を書いて生きていければ……という願いがまったくなかったかといえば嘘になる。しかし僕自身の旅が本になることなど考えてもいなかったし、そういった本もなかった。海外を描くものといえば、駐在員がまとめたものや、小説家がまるで余興のように海外を歩き、その内容を集めたエッセイ集があるぐらいだった。僕はベルリンという街で、旅エッセイを書く小説家の現場に出合ったことになる。

田中氏の小説は何冊か読んでいた。『ポロポロ』という切ない戦争小説は好きだった。しかし彼の小説と旅は結びつかなかった。僕はあのとき、ただひたすら旅をしたかったのだと思う。

ベルリンからフランクフルトに出、そこからカイロに向かった。ようやく旅がはじまったような感覚だった。カイロからエチオピア、スーダンとまわるつもりでいた。

当時、エチオピアに入国するには、黄熱病の予防接種が必要だった。僕は予防接種をしてくれる医療施設を探して、カイロの街を歩きまわった。その後、カイロは何回も訪ねることになる。新型コロナウイルスが世界の空を覆っていたときもカイロを訪ねた。エジプトも多くの感染者を抱えていたが、移動制限はそれほど厳しくはなく、日本から訪ねることも容易だった。カイロから日本に帰国するルートだったが、それにはＰＣＲ検査が必要だった。検査をしてくれる施設を訪ねるために、カイロの雑踏を歩きながら、はじめてこの街にやってきたときを思い出していた。黄熱病の予防接種だったが、レンガを積んだ古びたビルの間につづく路地を歩いて医療施設を探すことは同じだった。

カイロに滞在していた僕はバックパッカーだったかといえば、少し答えに困る。たしかにフレームザックに荷物は詰めていたが、泊まっていたのは、ナイル川の中洲にあったペンションのような宿だった。新聞社の外信部の友人を通して紹介された宿だった。企業から派遣され、アラビア語を学ぶ日本人が年単位で滞在するアパートのような宿だった。いってみれば学生下宿のような存在で、三食つきだった。

彼らは語学を習う学生という身分だったが、石油を扱う商社の社員だった。テラスが食堂になっていて、そこで彼らとエジプトのビールを飲みながら話していると、神田の居酒屋にいるような気分になった。僕も三年間、社会人だったのだ。そのひとりからこういわれた。

「新聞記者にしたらあまり汚れてないね」

おそらく彼らは日本で、経済部の記者と接していたのだろう。僕は社会部系で、最後に勤務していたのは静岡だった。そんな違いもあった気がする。


カイロからエチオピアのアディスアベバに向かった。当時のエチオピアは社会主義軍事政権の国だった。新聞社の資料室でその政治構造を伝える記事は読んでいたが、僕の目には単なる独裁国家に映った。その体制が旅行者にどんな影響を与えるのかは考えもしなかった。僕は甘い駆け出しの旅行者だった。それまで訪ねた国は、タイや台湾、香港、そして仕事で訪ねたグアムぐらいだった。それでも当時は海外経験のあるほうで、友人の前では一端の旅行者の顔をしていたこともあったが、いまにして思えば、とんだ思いあがりだった。それを教えてくれたのがエチオピアの貧困だった。

飛行機は午後にアディスアベバの空港に着いた。アディスアベバは標高が二千メートルを超える高原都市だった。熱気が渦巻くカイロに比べれば空気は爽やかで、背のびをしたいような青空が広がっていた。空港から市街地へ向かうバスはないといわれ、タクシーに乗った記憶がある。市街地に出れば、ホテルは簡単にみつかると思っていた。当時のエチオピアを訪ねる旅行者は、政府が許可したホテル以外は泊まることができないということすら知らなかった。

タクシーを降りると、ひとりの男に声をかけられた。安い宿を知っているという。僕はその男の後をついていった。石畳というより、土の道に石を埋めただけのような坂道をのぼり、連れていかれたのは一軒のバーだった。宿だという。そこがブンナベッドと呼ばれる売春バーであることを知ったのは翌日のことだった。

バーの脇に空き地があり、そこを囲むように長屋風の小部屋が並んでいた。そのひと部屋をあてがわれた。一泊千円ほどだった。アディスアベバのホテルの相場もわからなかった。隣が僕に声をかけた男の部屋だった。男の名前はガクサといった。彼は自分が泊まっている宿に僕を連れていっただけのことだった。夜はバーの片隅でビールを飲み、簡単な食事をとった。夜になると、冷気が霧と一緒になって高原の街に降りてきた。ふと、入り口を見ると、ウコン色の毛布のような布をまとった男が立っていた。暗い闇のなかからぬっと姿を見せたような男だった。肌は闇と一体化し、歯の白さだけが浮きあがる。別世界にきたな……そんな思いで男を眺めていた。

部屋にはトイレもシャワーもなかった。夜、宿で働く二十歳そこそこといった男の子が空き壜をもってきた。僕はその意味がわからず、隣の部屋にいるガクサに訊くと、彼はこう教えてくれた。

「午前零時から朝の五時まで部屋から出ることができないんだ。外出禁止令だからね。だからおしっこはその壜にするんだよ」

そんなにうまくおしっこができるだろうか……。僕はそんなことを考えていた。

ベッドに横になり、裸電球の灯をみつめていた。薄々気づいていた。バーには五人の若い女性がいた。客にビールを注ぐわけでもなく、ただカウンターに座っていた。彼女たちは売春婦ではないだろうか。僕の泊まっているこの部屋は、話がついた客と若い女たちが使う場所ではないか。だからシャワーやトイレがない……。

予想通りだった。翌朝、空き壜をもってきた男の子に確認すると、彼は頷き、こうつづけた。

「ここは違法の宿だから、泊まっていることがわかると捕まるよ。急いで出たほうがいい」

ガクサはそれを知りながら僕をここに連れてきたのだ。客引きを生業にしているとは思えなかったが、やっていることはポン引きだった。その男にのこのことついてきた僕は旅人未満の初心者の旅行者だった。

そして僕は甘いことに、ガクサに二十ドルを貸していた。「宿を出るから金を返してほしい」というと、彼は明日まで待ってほしいといった。僕はそのとき、宿の男の子が教えてくれた「捕まる」という意味すらわかっていなかった。その後、僕はアディスアベバの街で二回も捕まった。そのたびに、ケベレと呼ばれた街単位の革命委員会の施設に連れていかれた。それも知らない僕は、二十ドルが惜しくてもう一泊することにした。

夕方、ガクサがいないことに気づいた。宿の男に子に訊くと、荷物をまとめて出ていったという。「もう帰ってこないよ」といわれた。考えてみれば当たり前の話だった。貸した二十ドルはガクサの宿代に消えたのかもしれない。もともと返すつもりなどなかったのだ。

その夜、ひとりの若い女が部屋に入ってきた。ノックする音でドアを開けると、白い布をショールのように巻いた女性はするっと部屋に入ってきてしまった。バーにいた女性のひとりだった。体を売って生きる女性だった。後になって調べると、当時のアディスアベバの人口は百万人ほどで、その二割、つまり二十万人が売春婦だったという数字を目にした。にわかに信じられない人数だったが、女性たちが金を手にするにはそうするしかなかったのかもしれない。街に売春婦が溢れていた。

僕の部屋に入ってきた女性は、その夜、あぶれてしまったのだろう。女性たちは僕を見たときからわかっていたのだと思う。あの東洋人なら、夜、部屋に入れば泊めてくれる……。見透かされていた。女性は僕のベッドに座ると、服を脱ぎはじめた。

「二十ドル」

Vサインのように二本の指を立てた。腕時計を見た。午前零時近かった。部屋から出すわけにもいかなかった。

弱い電球の光に照らし出された黒い肌には、びっしりと刺青が彫られていた。乳首の周りにも文字のような紋様が見えた。

僕はただ黙っていた。なにもしなかった。いや、肌を触ることすらできなかった。聖人君子を装うつもりはない。僕は怖かったのだ。ベッドで乳房を露わにする女性が怖かったのではない。彼女はおとなしく座っているだけだ。

違法の宿。客引きのガクサ。目の前にいる売春婦。捨て身で生きようとする人間が発する貧困のにおいが、僕に一気に押し寄せていた。

僕は大学を出、新聞記者になった。一端の記事を書いてきた。日本の貧困に触れた記事も書いた。しかしそれは頭で理解しただけの貧困だった。

しかし目の前には生身の貧困が座っていた。その貧困は僕から次々に金をむしりとろうとする。女性に同情して黒い肌をまさぐり、その代償として二十ドルを払う。そうしたほうが女性はいいのかもしれない。あるいはなにもせずに二十ドルを渡す？女性は金をもらえばそれでいいのだ。僕より十歳は若そうな女性は、すべてを見抜いているかのようにベッドに座っていた。

僕はただひるんでいた。甘い旅行者だった。僕の体に迫る貧困は、グロテスクにぱっくりと口を開けて待ち構えていた。

翌朝、ブンナベッドから脱出した。バーで欧米人が朝食を食べていた。宿の男の子が耳許で囁くようにいった。

「ソビエト人だよ。彼らは一切、金を払わない。コミュニストは本当に嫌いだ」

その言葉を聞きながら、僕はザックを背負った。

街なかを歩きまわり、合法の宿をみつけた。部屋にはトイレやシャワーがあった。久しぶりに体を洗った。

その夜、僕は宿に戻る坂道で、背中に銃を突きつけられた。冷たい霧が静かに動いていた。

「ホールドアップ」

後になって考えれば、背中に押しつけられたのは指だったのかもしれないが、僕は両手を挙げるしかなかった。口のなかは無性に乾いた。

背後の男は、僕のズボンのポケットをまさぐり、二十ドル紙幣をみつけると、さっと抜きとった。その後、聞こえてきたのは走り去っていく男の足音だった。しかし振り返ることができない。一分、二分……。挙げていた腕を少しずつさげていく。なんの物音もしない。ただ霧が動いている。ふーッと息を吐き、思い切って振り返った。誰もいなかった。頼りない街灯の光が道を照らしているだけだった。急に足が震えた。

「ズボンのポケットにいつも二十ドル紙幣を一枚入れておけ。それでだいたい助かる」

ガクサが教えてくれたことだった。僕はその言葉を疑ったが、万が一を考えて、ポケットには二十ドル紙幣を入れていた。それで助かったのか……。ポケットになにも入れてなかったら、男はそのまま逃げたのかもしれない。助かったのか、ただ金を盗られたのか。僕は少し悩んだ。

その旅に、僕は大学ノートを持参していた。日記のように旅の日々を書き綴っていた。一ページ目は成田空港だった。その夜、僕はそのノートにこう書いている。

――今日は眠ろう。明日はいいことがあるかもしれない。

二日後、僕は宿を移った。イタリア人の旅行者から、合法のゲストハウスを教えてもらったのだ。そこに行くと、ふたりの日本人青年がいた。彼らはテラスに寝袋を広げ、縫い目に生みつけられたシラミの卵を丹念にとりつづけていた。

アディスアベバには三週間ほど滞在した。宿にいたのは全員が貧しいバックパッカーだった。彼らから闇両替の店を教えられ、両替記録の偽造を習った。出国時に個室に入れられ、両替額と残ったドル紙幣を数えられるためだった。

アディスアベバからスーダンのハルツームに飛行機で向かった。チェックインの時刻は朝の六時だった。しかし街は朝の五時まで外出禁止令が敷かれていた。僕は前夜にバスで空港に向かい、ゲート脇にあった警備員の詰め所の前に寝袋を敷いた。金がないバックパッカーは皆、そうするようだった。

ハルツームでは、中庭にベッドを並べ、夜空を眺めながら寝るとびきり安い宿に泊まった。砂漠を走るバスに揺られ、難民キャンプのあるエチオピア国境を歩いた。

二ヵ月ぶりにカイロに戻った。ナイル川の中洲にある同じ宿のドアを開けた。

「痩せたね」

宿でよくビールを飲んだ企業派遣の留学生からそういわれた。宿のシャワー室にあった体重計で測ると八キロ近く体重は減っていた。

僕はエチオピアとスーダンをまわった二ヵ月の間にバックパッカーになった。体重計の針を眺めながらそう思った。

アディスアベバのブンナベッドで出会った青年と私（1981年）

第二章

バングラデシュで小学校を開校する。

僕が手にしていたパキスタン航空のチケットは、カイロからパキスタンのカラチ、バンコク、マニラとつづいていた。どの都市でもストップオーバー、つまり飛行機を降り、特に滞在できる航空券だった。僕はカイロからカラチまでの予約を入れた。

出発の二日前、エジプトのサダト大統領が暗殺され、空港は閉鎖されてしまった。暗殺の容疑者としてザワヒリが逮捕される。彼は当時、無名の活動家だったが、その後、ウサーマ・ビン・ラディンの後継者としてアルカイーダを指導していくことになる。世界はイスラム社会を震源にした大きなうねりを迎えようとしていた。しかし僕にはそこまでの想像力はなく、カイロの空港にバスで日参していた。いつカラチ行きの飛行機に乗ることができるかわからなかったのだ。

カラチからインド、バングラデシュを歩いた。旅は徹底したバックパッカー旅に染まっていった。北インドを横断する列車がコルカタに着くと、駅に暮らすホームレスの少年たちは猛烈な勢いで列車に乗り込んできた。乗客が残したゴミを漁る少年たちだった。彼らを蹴散らすように列車から降りたとき、背負っていたフレームザックの

留め金具がはずれ、片方のベルトが使えないことに気づいた。その瞬間、僕は、
「これで旅をやめられる」
と思った。金をできる限り節約する旅は僕にとってはまだきつい旅だったのだ。旅を切りあげる口実を探していた気がする。しかし壊れたと思ったフレームザックは、コルカタの安宿街であるサダルストリートの自転車屋で、ものの十分ほどで直ってしまった。

貧しい旅がしだいに日常になっていった。はじめて見る風景への好奇心は薄れ、「昨夜の宿は蚊が多かった」、「今日の朝のチャイはうまかった」……そんな日常に旅が支配されていった。

バンコクからマニラをまわり、僕は帰国した。切り詰めた旅をしたおかげで、三十万円ほどが残った。僕は旅に出る前に暮らしていたアパートに戻り、ただぼんやりしていた。長いひとり旅でひとりごとがうまくなった。スーパーに買い物に出かけ、自分でつくる野菜炒めがうまくてしかたなかった。

そんな僕を気遣ってくれたのは、新聞社に勤めていたときの友人たちだった。

「そんなことをしてたら最後はホームレスだぞ」

そういって会社の仕事をまわしてくれた。もらったのは目の研究医の対談原稿だった。内容を整理し、指示された字数にまとめる仕事だった。こうして僕はフリーランスのライターになっていった。仕事は途切れずにあった。バブル経済はピークはすぎていたといえ、好景気はまだ日本社会を覆っていた。


それから三年の月日が流れた。僕は年に二、三回、一ヵ月近い旅に出る暮らしをつづけていた。東京で三、四ヵ月、フリーランスのライターとして働き、仕事を調整して旅に出るスタイルだった。「一年働けば、三年は旅ができる……」。二十歳そこそこの年齢で、オーストラリア人から耳にした旅はできなかった。フリーランスとはいえ、そこまで日本を離れることはできなかった。しかし給料が高い国で収入を得、物価の安いエリアを歩くという旅のスタイルは同じだった。勢い、東南アジアを歩くことが多くなった。

そんな日々のなかでひとりの男と出会う。森智章といった。僕より二、三歳は若かったと思う。引き合わせてくれたのは、安い航空券を販売していたアクロスという会社の濱谷雅之さんだった。

「下川さんみたいな旅人がいる。今度、会わせるよ」

新宿の旅行会社で会った彼は筋金入りの旅人だった。フリーランスのライターとしても先輩だった。互いに旅の話をするようになったとき、彼はすでに七十ヵ国以上を旅していたことを知った。

彼は僕より写真のセンスがあった。僕らの旅はまずバンコクに向かい、そこで航空券を買って先に向かうことが多かった。乗り継ぎでバンコクの空港を使うことも多い。当時、バンコクにはドンムアン空港しか国際空港はなかった。この空港前の大通りを渡ったところにドンムアン寺があった。早朝に空港に着いた彼は、その寺に出向き、線香の煙が揺れる祭壇に朝日が差し込むシーンを写真に収める。その写真がアサヒカメラの誌面に大きく載ったりした。旅をそそられる写真だった。彼にはそんなセンスがあった。

彼は横浜に住んでいた。僕は仲間と表参道近くに小さな事務所を借りていた。横浜と表参道……。僕らはそのどちらかの街でよく会い、酒を飲んだ。家族ぐるみのつきあいでもあった。僕らの思いのなかにあったのは、自分たちの旅をなにかの本にまとめられないか……ということだった。彼は旅先の話や写真をコラムのようにして書いていたが、まとまったものにはなっていなかった。僕はフリーランスのライターでいながら、旅の原稿は一行も書いていなかった。

僕らはウマがあった。互いにそれは感じとっていたと思う。いつまでも糸が切れた風船のように旅の空を見つづけていたいという因子を抱えもっていた。しかし社会から完全に逸脱していく道は選んではいなかった。フリーランスだが原稿を書いて稼いでいた。ともに結婚もし、子供もいた。しかし旅だった。そのあたりの立ち位置がよく似ていた。

最初に声がかかったのは僕のほうだった。

当時、僕は朝日新聞社の出版局が発行する雑誌にかかわることが多かった。『フットワーク』という健康雑誌もそのひとつだった。そのデスクを勤めていたのがM氏だった。僕は仕事の合間に、旅の話をした。

「来月、一ヵ月ぐらいビルマやタイに行くんで、いまかかわっている原稿、早めに入稿しようと思って」

ビルマはいまのミャンマーである。彼は夏休みをとっていなかった。九月に休みをとって一週間ほど海外に行こうと思っていた。話はとんとんと進み、ビルマに一緒に行くことになった。その後、僕はタイやラオスをまわることにした。

バンコク経由の飛行機がビルマのラングーン（いまのヤンゴン）の空港に着いた。空港から市内までのバスはないことはわかっていた。僕はそういう空港に着いたとき、欧米人の旅行者に声をかける。タクシーをシェアするためだった。比較的簡単に合意は得られるのだが、行き先のすり合わせが大変だった。多くの旅行者が街に詳しくはない。泊まろうとするホテルがどこにあるのかよくわからないのだ。

当時のラングーンの空港には、荷物が出てくる回転台もなかった。ロンジーと現地では呼ばれる筒状の衣類を身に着けた青年に荷物のタグの控えを渡すと、彼らがどこかから荷物を持ってきてくれるスタイルだった。そこで旅行者と地図を見ながら話す僕にM氏は怪訝そうな顔でこういった。

「おまえはいったいなにをやってるんだ」

僕はタクシー代を安くしようとしていると伝えると、彼は異星人を眺めるような視線を送ってきた。彼は朝日新聞社の社員なのだ。空港からホテルまで、自分たちだけでタクシーに乗ってなんの問題はなかった。今回は仕事ではなく、遅い夏休みの旅だが、市内までのタクシーをシェアするなど考えてもみなかったはずだ。まあ、それがあたり前なのだが。

その旅はいろいろあった。軍事政権下のビルマである。その話をはじめると、長くなってしまうが、少なくとも彼の目に映った僕は奇妙な旅行者だった。

その翌年、人事異動があり、M氏は週刊朝日のグラビア担当デスクになった。そして僕にある連絡が入る。

「グラビアの企画なんだけど、派手にやりたいけど予算が少なくてね」

そこで提案されたのは、総費用十二万円でどこまで行って帰ってこれるか、という貧乏旅行企画だった。フリーランスの仕事は雑多だった。あるときは肥満の原稿を書き、その翌日には海外進出を果たした証券会社のドキュメンタリーをまとめるというような日々だった。自分が何者なのかわからなかった。しかし費用は十二万円とはいえ、旅を描くことができる。僕はふたつ返事でこの依頼を受けた。記事は月一回のグラビア連載という形で二年つづいた。そして一冊の本になった。『12万円で世界を歩く』というタイトルの本は、僕にとっての実質的なデビュー作になった。

連載の途中、森君はいろいろアドバイスを送ってくれた。できあがった本を前に、ふたりで酒を飲んだ。

「これで僕らの旅もやっと市民権を得た」

と彼はいった。

本は売れた。事務所のそばの書店をのぞくと、レジの横に僕の本が積まれていた。少し怖かった。

世間はまだバブル経済の熱気のなかにいた。海外旅行は贅沢を味わうという風潮がテレビをにぎわしていた。日本円の価値は高く、アメリカ人が「子供のように映る若い日本人女性の財布のなかには、百ドル札が何枚も入っている」と目を丸くした時代である。そんななかで、宿代を捻出できずにひたすら夜行バスに乗り、そのバス代を払うためにズボンを売るような旅が受けた。日本人は薄々気づいていたのかもしれない。好景気のなかで少し背のびをしていることを。海外旅行は金がかかるものというイメージを抱いていたが、実はとびきり安く、そう十二万円でアメリカも世界一周もできるという事実がフィットしたのかもしれなかった。しかし僕は真剣だった。僕らの旅を理解してほしかった。

この本をきっかけに、僕は旅を書くようになった。森智章の死は、そんななかで僕の耳に届くことになる。本が発行されてから九ヵ月後の夜、電話が鳴った。森君の奥さんからだった。

「森が死にました。夕方、外務省から連絡がありました」

気丈さを装っているのか、事態を飲み込めずにいるのかわからないような気が抜けたような声だった。

「森君が死んだ」

僕は妻に伝えた。事情が少しずつわかってきた。妻は、

「あなた、行きなさい」

といってくれた。

僕は森君の父親と奥さんと一緒にバングラデシュのダッカに向かった。森君はバングラデシュ南部のコックスバザールまで行き、そこからそう遠くないビルマ国境に向

かった。当時、ビルマの学生たちは軍事政権に立ち向かった。弾圧され、一部の学生がバングラデシュとの国境地帯に逃げてきていた。彼はそんな学生たちを取材するために、国境の森のなかに入った。そこでマラリアを媒介する蚊に刺されてしまった。マラリアにはいくつかの種類があるが、そのなかでも最も怖い熱帯熱マラリアに感染した。なんとかダッカまで戻ったのだが、そこで息を引きとった。

遺体を日本まで運ぶことになった。僕はダッカの街を奔走した。アメリカ大使館で棺を買い、大量のドライアイスを手配しなくてはならなかった。事件の可能性を疑う警察との交渉もつづいた。ドライアイスが詰まった棺は重くなり、その輸送費だけで六十万円もかかった。

森君の遺体と一緒に帰国したのは三月末だった。満開の桜の季節だった。それから一週間後、僕の次女が生まれた。

葬儀にはじまる一連の儀式が終わると、彼の大学時代の友人を中心に、バングラデシュに彼の記念を残そうという話がもちあがった。寄付を募ることになり、瞬く間に三百万円を超える資金が集まった。

「彼が拠点にしたコックスバザールを調べると、ときどきサイクロンの被害に遭っている。高波から避難するシェルターをつくるってのはどうだろう」

「現地で森君に協力してしてくれたのは、ラカイン族っていう仏教徒なんでしょ。寺子屋のような学校をつくるっていう案もある」

「何人かを日本に留学させるっていう金の使い方を考えてもいい」

親しかった友人が集まった席では、さまざまな話が出た。僕はそんな話を黙って聞いていた。僕はわかっていた。森君はそんな目的のためにバングラデシュに出向いたわけではなかった。彼も僕も旅人だった。その目には世界の貧困も映っていた。しかしどうすることもできないのが旅人だった。もし、援助という世界に入り込むタイプなら、ひとつの場所に留まっていく。旅の路上では数え切れないほどの貧困に出合うが、そこで立ち止まると旅は終わってしまう。

しかし森君がバングラデシュを歩いた証を残したいという友人たちの気持ちは痛い

ほどわかった。彼は今回、国境に出向く前に、何回かコックスバザールを訪れていた。取材目的で人脈を広げていったわけではないはずだった。コックスバザールという街には、旅人の感性に届くなにかがあったのだ。その近くの国境にビルマの学生たちが逃げてきたのは付随的なことだった。

日本はアジアを代表する経済大国だった。世界でいちばん給料が高い国といわれたこともあった。そしてバングラデシュは世界の最貧国だった。北海道の二倍ほどの土地に、当時、すでに一億人を超える人々がひしめいていた。その構造を素直にあてはめれば、当然、援助という話に辿り着いた。しかし僕も森君も旅人だった。

結局、現地に誰かが出向き、どんな援助の方法があるのか調べることになった。さて、誰が行くか……。

「そりゃ下川さんでしょ。森と同じバックパッカーなんだし」

森君の記念をなにか残そうと集まった友人たちのなかで、誰ひとりバングラデシュを訪ねた人はいなかった。バングラデシュはそういう国だった。人を魅了させる観光地があるわけでもなく、ガンジスとブラマプトラという大河がつくったデルタにただ人がうごめいているようなイメージだった。日本人の大多数は、海外旅行の目的地としては考えてもいなかった。ガイドブックは一冊もなかった。旅行人という出版社が発行したマニアックなガイドブックが発行されたのは二〇〇六年のことだ。

バックパッカー――。おぼろげな記憶を辿れば、僕がバックパッカーと呼ばれたのはそのときがはじめてだった気もする。森君も僕も、自分がバックパッカーだとは思ってもいなかったが、バックパッカーという表現が新しい旅人のスタイルかのように広まりはじめていた。

沢木耕太郎の『深夜特急』が発刊されたのは一九八六年である。僕の本も後押しした気もする。そして一九九一年に森君は死んだ。

その後、バックパッカーという言葉はひとり歩きをはじめる。そして、『進ぬ！電波少年』というテレビ番組が放映される。これはヒッチハイクでユーラシア大陸やアメリカ大陸を縦断していく内容だった。バックパッカーは、どこか貧乏旅行ゲームの担い手のような存在になっていくのだ。

あの頃、バックパッカー旅として多くの若者が選んだのは、バンコクとシンガポールの間を、安宿に泊まりながら進むコースだった。利用したのは、ノースウエスト航空やユナイテッド航空が販売していたオープンジョーの航空券だった。東京からバンコク、シンガポールから東京という区間がセットになっていて、バンコクとシンガポールの間は、それぞれが勝手に移動するタイプだった。この航空券がかなり安く手に入ったのだ。バンコクとシンガポールでは、一般的な海外旅行を楽しみ、その二都市の移動はバックパッカー旅というスタイルだった。ひとつのオープンジョー航空券が、バックパッカー旅の体験を演出していた。安全な冒険旅行といった感覚だった。

僕はこの旅のブームに違和感を覚えていく。僕がエチオピアからスーダンの旅で自覚した旅人の感覚は、途上国を歩くデフォルトが身についてきたといった感覚だった。

旅人になるということは、庶民宿に平然と泊まり、怪しい輩を無意識に避け、街を自分の歩幅で歩けるようになることだった。途上国を旅するときの不可欠な技術だった。僕や森君は、厳しい国を旅するために必要に迫られて旅人の礼儀のようなものを身に着けていった。

しかしブームになったバックパッカーは違った。あくまでの体験だった。一時、バックパッカー旅を経験し、また元の世界に戻っていく。どこか日本を降りるように旅に出る意識ではなかった。

僕は三百万円を超えるという目に見えない重い荷物を背負ってバングラデシュに向かうことになる。情報はあまりなかった。ダッカの街の長距離バスターミナルに向かい、足の置き場もないほど椅子の間隔を狭めたバスにひと晩揺られ、南部のコックスバザールの街に着いた。森君が世話になっていたのは、この街に住む少数民族の仏教徒であるラカイン人たちだった。僕は森君がつくった人脈に便乗させてもらった。そこで集まった寄付の使い道を探ることになる。

いろんな人に会った。彼が信頼していた僧侶とも何回か会った。彼は薄暗い寺の庫裏でこういった。

「集まった資金が肩に重いでしょ」

彼は僕を見抜いていた。バングラデシュは世界の最貧国だったが、逆から眺めれば世界から寄せられる資金でまわる被援助大国でもあった。孤児院を運営するその僧侶は、欧米や日本からやってくる被援助団体のスタッフと何回も会っているはずだった。多くが援助のプロだった。彼らが扱う資金は僕らのそれとは桁違いに多かったはずだ。それに比べれば、三百万円という寄付額に翻弄される僕は、明らかに援助の素人だった。そのあたりは、すぐにわかったのだろう。

森君と同じバックパッカーというだけで、コックスバザールまでやってきたが、援助のプロたちは首都のダッカで政治家や実力者と話をつけ、コックスバザールに乗り込んでくるようだった。僕はそんな道筋も知らなかった。

援助を受けもつNGOのスタッフも、きっかけは貧しい国を歩いたことかもしれなかった。そのなかから貧しい人々を援助するという仕事に就いていったのかもしれないが、僕や森君にはその感性はなく、ただ旅をつづけた。そういうタイプの人間の目つきは、援助団体のスタッフとは明らかに違っていたのだろう。途上国では、貧困は目の前に横たわっている。もし、援助という発想があったなら、僕も森君もとうの昔に旅から足を洗い、援助団体のメンバーになっていたはずだった。

それでも僕は毎日、コックスバザールで人に会った。そこから市内の寺のなかに、運営が止まっている学校があるという話に辿り着いた。それはドイツのあるNGOが建設したものだった。リーダーはフランクという大学の教授だった。彼はコックスバザールに暮らす少数民族の仏教徒であるラカイン族への援助をつづけていた。

ラカイン族は、バングラデシュの人口の九十パーセントを占めるイスラム教徒のベンガル人の圧力に晒されていた。コックスバザールの街の中央にはラカイン族が所有する土地があった。仏教寺院がいくつもあり、脇の丘の上には、五基のパゴダがそびえている。しかしその周りには、丘を削ってベンガル人が家を建てていた。土地はラカイン族のものだから、不法占拠である。ラカイン人たちは行政にかけあったが、反応は鈍かった。パゴダの丘を不法占拠する人々は水害で土地を失った貧しい人々が多かった。立ち退きを通告すれば、代替の土地の要求が行政に跳ね返ってくることはわかっていた。

そのなかでひとつのパゴダが倒壊する。それは子供の頃の砂場遊びに似ていた。砂を集めて小山をつくる。その頂に棒を立て、順番で周囲の砂をとっていく。棒が倒れたら負けという素朴なゲームだった。

フランク教授はそんな状況を打開しようとする。まずパゴダの丘へのぼるコンクリート製の階段をつくった。ラカイン人が容易にパゴダの丘にあがれるようにしたのだ。教授自ら階段づくりに汗を流した。何人ものラカイン人から作業をつづける教授の写真を見せられた。

パゴダののぼり口は仏教寺院だった。その境内に学校を建てた。木造だが二階建ての立派な建物だった。二階に教室が四部屋。それに校長室と教員室、倉庫があった。一階は教室が五部屋あった。建物ができたのは三年前だった。しかし学校はまだ開校されていなかった。建物だけが放置されている状態だった。かかわるラカイン人たちは、資金不足で開校できないと僕に説明した。

帰国し、ドイツにいるフランク教授と連絡をとった。インターネットがまだない時代だった。やりとりはファックスだった。

僕がコックスバザールで聞いた話とは違った答えが返ってきた。フランク教授が運営するNGOは、パゴダまでの階段をつくり、校舎を建てるまでのプロジェクトだったのだ。運営はコックスバザールのラカイン人が担うという話になっているというファックスが送られてきた。

おそらくフランク教授のいうことが正しいのだろう。しかし学校運営を任されたラカイン人たちには資金はなかった。先頭に立って学校を運営するリーダーもいなかった。バングラデシュでは、そんなプロジェクトが多かった。器はあるが、中身がなかった。

「やろうじゃない。森智章スクール。すごい記念になる。森君もこれで浮かばれる」

「下川さんに行ってもらってよかった。さすがバックパッカーですよ。これで寄付の三百万円も有効に使える」

中心になって寄付を集めた十人ほどのメンバーは、横浜駅前の喫茶店に集まった。皆が目を輝かせた。そのときは僕もうまくいくような気がしていた。バックパッカーには荷が重い案件だったが、どこか肩の荷が降りたような感覚だった。

それからしばらくして、僕は再びバングラデシュに向かうことになる。僕ひとりで話を進めていくのは心配だった。メンバーに同行してくれる人を募ったが、誰も時間をとることができなかった。

バングラデシュ南部のコックスバザールは遠い。日本からバンコク経由でダッカまで一日はかかる。そこからバスでひと晩……。現地に一週間滞在したとすると、往復で十日はかかってしまう。僕はフリーランスだから日程の調整はできたが、森君の知人たちは皆、会社勤めだった。十日間の休みはとてもとれないようだった。

現地では思わぬ早さで開校の準備が進んでいた。校長先生が決まり、お金を管理する事務長も選ばれていた。九人の先生も決まっていた。そして教室の掃除や子供たちが飲む水の用意などの雑用をこなしてくれる女性がひとり。スタッフはすぐに決まったという。

皆が学校の一階の教室に集まっていた。その部屋に入るとき、僕の足どりはぎこちなかった。『12万円で世界を歩く』が売れ、僕の仕事は旅の本を書くことにシフトしつつあったが、意識はフリーランスのライターだった。本を書くために海外に出る機会は増えたが、旅の空を眺める僕は一介のバックパッカーだった。そんな僕に視線が集まる。まるで僕は学校運営のスポンサーで、理事長のような役割を演じなくてはならなかった。コックスバザールの地元新聞の取材も受けた。そんな人間ではないことは自分でよくわかっていたが、街の人々はそう扱ってはくれなかった。

僕は森君が世話になったラジョーというひとりのラカイン人の家に泊まっていた。何人ものバングラデシュ人が訪ねてきた。皆、自分を先生に雇ってくれないかという売り込みだった。

設定した先生らの給料は、決して高くはなかった。僕らの手元にあるのは三百万円である。学校が開校されれば、延々とその給料を日本から送りつづけなくてはならない。いつかは資金が底をつく。それはわかっていた。そのために、中心メンバーたちは毎月、定額の寄付を納めることになっていた。しかしそれもいつまでつづくかわからない。できるだけ出費は抑えたかった。

僕らの団体はサザンペンという名前にした。バングラデシュに咲く花の名前である。この団体から、月額二万円を送ることになっていた。その額は、一般的な学校の先生の半分ほどだった。貧しい家庭からは授業料をもらわない方針だったが、余裕のある家からは月額五十円ほどの授業料をもらうことにしていた。それを加えても、先生の給料としては安かった。それでも先生たちはすぐに集まった。そこには皆の思惑があることもわかっていた。

「資金を提供するのは日本人。なにしろアジアでは頭ひとつ、いやふたつ抜けた経済大国でしょ。すぐに給料はあがっていくに違いない」

バングラデシュ人は皆、そう思っていた。実際、バングラデシュの物価や給料は安かった。月額二万円で十人を超える学校のスタッフを雇うことができる。いまから考えれば夢のような時代だった。

しっかりとした資金計画があったわけではなかったが、コックスバザールからふたりの若者を日本に呼ぶことになった。働きながら日本語学校に通う就学生だった。彼らの航空券代や、アルバイトが軌道に乗るまでの生活費やアパートの家賃もサザンペンが負担することになった。その費用に百万円近い資金を使った。その経理も僕の役割になっていった。

ウマが合った森智章というバックパッカーの死は、同じようなバックパッカーだった僕を思わぬ立場に置くことになる。その理由は、僕がバングラデシュに行くことを厭わないだけだったからだと思う。やはり僕はバックパッカーだった。現地に行くのは僕だけという状況が、やがて僕を厳しい立場に追い込んでいくことになる。学校運営というプロジェクトを経営という立場から冷静に見ることができるタイプだったら、ここまでかかわらなかった気がする。先のことを考えず、浮かれ雲のように旅をする性格だから学校運営に足を突っ込む道筋をつくってしまった気もする。バックパッカーだからいけなかった？

それがわかってくるのに長い時間はかからなかった。

森君が死んだ翌年、僕は彼の遺骨の一部を持ってコックスバザールに向かった。森君の墓をつくり、納骨するのが目的だった。奥さんや友人たちの希望だったが、それはなかなか難しいことも僕はわかっていた。宗教上の問題だった。ラカイン人が信仰しているのは上座部仏教だった。タイやビルマ、ラオス、カンボジア、スリランカなどに広まっていた。日本では小乗仏教と呼ばれることが多かった。

上座部仏教の世界には墓はなかった。魂は葬儀で救済され、遺骨は抜け殻にすぎないという発想だと聞いたこともある。そこには輪廻の思想もからんでくると思う。もっとも彼らが厳格に墓を否定しているわけではなかった。抜け殻である骨には関心がないといったところだったろうか。しかし日本は違う。墓だった。

現地に相談すると、学校の脇に墓をつくってくれることになった。そこには学校の運営を受けもつことへの彼らの気遣いがあった気がする。墓碑ができていた。そこには森君の娘さんが書いた『ビルマからの風がきもちいい』という日本語の文字が刻まれた。そこに分骨した骨を納め、手を合わせる。

「森君、こういうことになっちゃったよ」

僕は心のなかで呟いていた。

そのとき、ダッカでフランク教授とかかわるドイツのNGOを訪ねていた。学校が開校されたことを伝える目的もあったが、送金の相談があったのだ。日本からの送金ははじまっていたが、それをバングラデシュの政府がチェックしているという話がコックスバザールのラカイン人が伝えてきたのだ。

世界の最貧国のひとつであるバングラデシュは、援助を受けるという面では大国という顔をもっていた。当然、海外から送られてくる援助はチェックする。そこには政治家や役人の利権もからんでいるといわれた。ダッカには一軒家を装ったホテルが何軒もあった。値段も手頃だから、駐在員がアパート代わりに利用することが多かった。なぜ一軒家……かといえば、ホテルの営業許可を申請できなかったからだ。一軒家ホテルのオーナーは政治家や役人だった。

バングラデシュがサイクロンなどの被害に遭うと、海外からの援助額が増える。その一部が彼らの懐に入り、ダッカに一軒家ホテルが出現するというからくりだった。

彼らは横流ししやすい援助を探す。それが援助内容のチェックにつながっていた。僕ら、サザンペンの援助額は少なかったが、定期的に日本から送っていた。

「これはなんなのか」

というチェックが入ってもしかたなかった。開校したのは小学校で、生徒は百四十人を超えていた。ラカイン人の子供たちが多かったが、ヒンドゥー教徒やイスラム教徒の子供もいた。僕らの送金でクレームが入るとすればそこだった。バングラデシュは特定の民族への援助とみなされる可能性があった。送金額を知ったドイツのNGOのダッカオフィスの責任者はこういった。

「二万二千タカ……。この額なら心配ないと思う。五万タカを超えると書類の提出を求められることがあるから、多くても四万タカぐらいに抑えるってとこかな」

タカはバングラデシュの通貨で、当時一円は一・一タカほどだった。つまり送金額を四万円以内にすると安全……というアドバイスだった。

NGOの責任者は、会議室を出、奥からワインを一本もってきた。追いかけるようにバングラデシュ人のスタッフがソーセージが盛られた皿をもってきた。

「でも、よくあの学校の運営を引き受けましたね。私たちの世界では学校運営は手を出したら大変っていわれているから。NGOは助成金や寄付で運営されているから、結果を報告しなくちゃいけない。井戸を掘ったり、シェルターをつくるっていうプロジェクトははっきりと成果を示せるから、寄付も集まりやすい。でも、教育はね……。成果を出すのに時間がかかる。それに援助に終わりがない……」

赤ワインを飲みながら、ドイツ人はそんな話をした。イスラム教徒は人口の九十パーセントという国でワインとソーセージ。そこは別世界だった。

「教育がいちばん大切だってことは誰でもわかる。この国の貧困の連鎖を断ち切るには、子供たちが勉強をする楽しさを知って、知識を吸収していくしかない。しかし貧しい家の子供にね、学校に通いなさいって、いくら口でいってもダメなんです。親の収入を増やして、生活に余裕ができないと、子供は学校に足が向かない」

耳が痛かった。学校運営にかかわる森君の友人たちのなかに、援助のプロはひとりもいなかった。僕は森君とおなじようなバックパッカーというだけで、現地との交渉役を任されていた。僕らの甘さを、ドイツ人は指摘しているようにも聞こえた。

「だから工場を経営しているんですか？」

そのNGOは繊維関係の工場を経営しているということだった。もらったパンフレットには、工場の写真が大きく載っていた。

「でも、うまくいっていない。これだけ停電が多い国でしょ。電気が安定して供給されないと、工場は動かない。それを要求すると、すぐ賄賂の話になる。貧しい農村の娘さんたちを雇ってっていうプランは、まだ半分も進んでいない。やっかいな国だよ、ここは」

ワインでも飲まないとやってられない……そんな口ぶりだった。

当時のバングラデシュでいちばん人気の就職先は、バングラデシュで活動する欧米のNGOだった。給料が高かったからだ。僕の目に映ったNGOの姿は企業だった。そこまで入り込まないと援助などできないということだったのかもしれない。寄付を頼りに学校を運営していく……それはあまりに美しく、ひ弱な発想だった。僕はその矢面に立たされていた。こんなことが待っているとは考えてもみなかった。

それでも最初の五年間、学校はなんとか運営されていった。僕は年に一、二回、コックスバザールに出向く年月だった。学校を訪ね、直面している問題を聞く。廊下の板に亀裂が入ったり、椅子が壊れるといったトラブルが次々に報告される。そしてその先に、決まって給料の値あげの話になった。先生たちもラカイン人が多かった。彼らはビルマ系の民族だから、バングラデシュの大多数を占めるイスラム教徒のベンガル人とは違う。控え目に周囲の視線を気にするように、「もう少し給料をあげてもらえないか」と訴えてくる。僕は針のむしろの心境だった。

バングラデシュの人たちにとって日本は豊かな国に映っている。しかし僕らのグループ、サザンペンの資金は乏しかった。きっと給料はどんどんあがっていくに違いない、と思っていた先生たちにとって、僕らはあまりに頼りなかった。賃あげの話に対し、「日本に帰って検討する」という政治家のような言葉でお茶を濁すのだが、そう何回も繰り返すこともできない。一回、給料をあげたが、それで僕らサザンペンの財政はさらに圧迫されることになる。

コックスバザールではいつも、ラジョーというラカイン人の家に泊めてもらっていた。そこから学校までは歩いて五分ほどだ。街の人たちは僕の顔を覚えているから、笑顔を送ってくる。しかし彼らの心の裡《うち》をのぞくと気分は沈む。悪い人たちではない。しかし援助に頼る体質に支配されてしまっている。コックスバザールは、イスラム、仏教、ヒンドゥーといった宗教が入り乱れたカオスのような街だ。人と自転車リキシャであふれる道を渡りながら学校に向かう。飛び散る汗。ゴミが放つ異臭……。この街と渡り合っていかなくてはならない。

森君の友人たちの集まりも重い空気に包まれるようになっていった。勢いではじめた援助だったが、学校運営には終わりがないことが生む焦りだった。

「学校の先生たちには自立するっていう意識が薄いんじゃないだろうか。それがなかったら、バングラデシュはいつまでも貧しいままだよ」

「援助を通して、日本人はその意識を植えつけていかなきゃいけない気がする」

そんな意見が出るようになった。正論だった。しかしそれを伝えにいくのは僕だけなのだ。そして僕は旅の技術はあっても、経営の厳しさを教えていく才覚はまったくなかった。コックスバザールに行っても、次々に出てくる要求に曖昧な返事をするしかなかった。頑張ってくれている先生を前にすると、自立しないと学校の存続は危うくなっていくとはとてもいえなかった。

サザンペンの会議に集まる人数も年を追って減っていった。そして寄付額も少しずつ減っていった。僕は何回も手紙を書いて寄付をお願いするしかなかった。給料の賃あげどころか、現状の送金額を維持することが難しくなりつつあった。

森君が出た高校の先生に頼み、学校ぐるみで寄付をお願いするために講演もした。行政が募集する助成金にもいくつか応募した。横浜市は申請書が受理され面接までこぎつけた。訊かれたのは横浜市との関係だった。

「その森様が横浜市の出身ということだけですか。現地の学校が横浜市となにかの関係があるとか、そういうことはないんですか？」

助成金の申請書を書くのもはじめてだった。行政側の意図を読みとり、それに合わせた事業計画をつくるなどのコツがあることはわかってきたが、内容を練り直して再提出となると一年後になってしまう。結局、横浜市の助成金はもらえなかった。やはり素人だった。日本に呼んだふたりの学生に協力してもらい、ラカイン族がよく食べるお菓子をつくってフリーマーケットで売ったこともあった。コックスバザールから布を仕入れ、鎌倉の寺で開かれるマーケットに並べたこともあった。どれも素人商売で、利益は微々たるものだった。

サザンペンのメンバーが紹介してくれる企業や資産家を訪ね、何回も頭をさげた。援助という話を投げかけられ、断りにくかったのかもしれないが、立派な応接室で会う人たちのなかには、明らかに厄介者のような視線を向けられることもあった。受けとった封筒のなかに入っていた一万円札を眺めながらみじめさがこみあげてくる。こんなことなら、自分で原稿を書いて稼いだギャラを送ったほうが、どんなに気が楽だろうかと思った。森君と同じバックパッカーだったことだけで、なぜ、こんな思いをしなくてはならないのだろうか。森君が残したものは東京や横浜の街のなかで暗転するばかりだった。

そこに追い打ちをかけたのが、バングラデシュの経済環境だった。学校運営をはじめて十年がすぎた頃から、世界の企業、とくに繊維関係の会社が、バングラデシュの安い人件費に目をつけはじめたのだ。インフラはまだ整ってはいなかったが、ダッカの郊外には、縫製業の工場が次々に建ちはじめていた。かつて会ったドイツのＮＧＯが立ちあげた産業がようやく実を結びはじめたようだった。

バングラデシュが高度経済成長期に入っていく予感があった。その流れのなかで物価があがりはじめたのだ。一タカだったミルクティーが二タカになった。バングラデシュを訪ねるたびに、少しずつあがっていく物価の先に、学校の先生たちの顔や生活が浮かんでくる。このままやっていく先にある隘路が見えてくる。

学校の先生と相談し、パゴダの丘の入場料をとることになった。現地での収入の道をつくらなくては学校の存続は難しい予感が強かった。

コックスバザールは、日本人の目には、バングラデシュ南端の辺境のように映るかもしれないが、バングラデシュ国内では有数の観光地だった。砂は黒いが百キロもつづく世界一長いビーチがあった。コックスバザールに近いビーチに沿って高級ホテルが建ちはじめていた。富裕層カップルのハネムーンを狙っていると聞いたこともあった。

コックスバザールにやってくる若いベンガル人男性には、もうひとつの目的があった。バングラデシュのイスラム系社会では、結婚前に女性と親密に接することは許されなかった。しかしコックスバザールに住むラカイン人は仏教徒で、女性も顔や髪を露わにして暮らしていた。婚前に男性と話すこともなんの問題もなかった。市内にはラカインマーケットがあり、そこにはラカインの布や民芸品の店が並んでいた。売り子はそんな女性たちだ。やってくるベンガル人の男性の楽しみは、店員の女性たちと直に話すことだった。

僕らが運営する学校はその裏手の寺の境内にあった。その前を通って進むとパゴダの丘にのぼる階段があった。ラカインマーケットにやってきたベンガル人の多くは、その後でパゴダの丘にのぼった。

「ビルマではパゴダや寺院を見学するとき入場料をとるでしょ。それをやってもいいんじゃないかと……」

校長先生のアイデアだった。すぐにやることにした。東京でチケットをつくり、それを持参した。ラカイン人たちは寺の境内に生えている竹を切って、さくさくと券売小屋をつくり、学校に向かう通路の脇に設置してくれた。入場料は十バーツにした。日本円で十二円ほどだった。発売初日には多くのラカイン人が集まった。一日、何人の観光客がやってくるだろうか。百人？　二百人？　僕は勝手に皮算用を繰り返す。これで少しは楽になるだろうか。

しかしその翌日、ラカイン人の間から声があがってくる。

「コックスバザール市の許可をとったほうがいいんじゃないだろうか」

ラカイン族は少数民族である。常に多数派のベンガル人の顔色をうかがうように生きなければならなかった。入場料をとりはじめたことが街の人々に知れ渡り、周囲からそんな助言を受けたようだった。

僕はふたりのラカイン人と一緒に役所に向かった。職員は僕らの話を、のっぺりとした顔つきで聞くだけだった。面倒な話をもち込んできて……そんなところだったろうか。

「返事はずっとないと思う」

役所を出、同行したラカイン人がぽそっといった。

「だったらやってもいいってこと？」

僕がそういうと、ふたりのラカイン人は困惑した表情を見せるだけだった。

発券を担当する人とローテーションを決め、僕は帰国した。それから半年後、コックスバザールに出向くと、入場券の発売は止まっていた。竹を組んだ券売小屋はその枠組みが残っているだけだった。

「そういうことか……」

僕は黙っていた。ラカイン人の立場を考えれば仕方のないことかと思った。それが少数民族というものかもしれなかった。僕が強行するといい張ることは、彼らを困らせるだけだった。

しかし校長先生からアイデアが出てきたことがうれしかった。僕らに資金がないことをようやくわかってきてくれたような気がした。学校運営がはじまって十五年近くがたっていた。

帰国し、運営にかかわり、寄付を送ってくれたメンバーの集まりで、僕はある宣言を伝えることになる。それは最後の寄付のお願いでもあった。

それは現地でCNGと呼ばれる三輪タクシーを三台買い、その収益で学校を運営していくというプランだった。日本の経済状況は年を追って悪くなっていった。不況の文字は毎日のように目にした。デフレは悪いスパイラルを描き、人々の給料は増えなかった。そんななかでの募金活動に限界を感じはじめてもいた。実際、毎月に集まる寄付は二万円にも満たなかった。メンバーに強要はできない。それぞれに生活がある。皆の心のなかでも、森君の死は風化しはじめている。

バングラデシュの景気は上向きだった。現地で収入を得るしかなかった。CNGの運賃は、物価の上昇に合わせてあがっていくはずだ。少なくとも、物価上昇分は吸収できる。

しかしCNGを三台買う資金は、サザンペンにはなかった。それが最後の寄付のお願いだった。それ以降、寄付には頼れなくなる覚悟の上での宣言だった。

最後の寄付は八十万円が集まった。メンバーもこれで最後になれば、と思ったかもしれない。この資金でCNG三台は無理だったが、中国製の電気三輪タクシーが売り出されていた。CNG一台、電気三輪タクシー二台を買った。

車が届いたことを受けて、僕はコックスバザールに向かった。学校の運営にかかわるラカイン人は、新品のCNGに乗って、僕をバスターミナルまで迎えにきてくれた。

CNGビジネスはうまくいった。不謹慎ないい方かもしれないが、面白いように儲かった。おそらく人々の暮らしが上向き、気軽にCNGに乗る人が増えてきてもいたのだろう。多い月は先生の給料の倍ほどになったときもあった。やっと賃あげに応じることができた。とはいえ、世間並みの給料にはまだ遠く及ばなかったが。

ＣＮＧを買ってからほぼ四年。僕は学校運営費の資金繰りから解放された。いい時期だった。コックスバザールに向かう足どりも軽かった。

バックパッカーに限らず、旅を長くつづけると、先のことはあまり考えなくなる。旅にはトラブルがつきものだ。そしてそれは唐突にやってくる。そのつど、対処していかなくては旅は進まない。そんな日々をすごしているうちに、明日は明日の風が吹く……といった境地に辿り着いてしまう。浮かれ雲になってしまうのだ。僕にはたぶんにその性格があると思っている。元々、そんな質だからバックパッカーになったのか、バックパッカー旅がそんな性向を植えつけたのか。

ごく普通の経営者なら、ＣＮＧビジネスがうまくいっているときに資金を貯め、新しいＣＮＧの購入資金に当てるだろう。賃あげ額は最小限に留め、先のことを考えるだろう。しかし僕は賃あげを選んだ。長い間、安い給料で働いてきた先生たちに報いたいという思いが先に立った。しかしここで心を鬼にしなければ経営者になれない。

やはり僕はバックパッカーだったのか。

ＣＮＧを買ってから四年目に入った頃から故障が頻繁に起きるようになった。中国製の電気三輪車はすぐにバッテリーが弱ってくる。修理代や経費が収入を圧迫するようになる。

考えてみればあたり前のことだった。ましてやＣＮＧはインド製で電気三輪車は中国製である。周囲からのアドバイスもあり、三台の車を売った。思った以上の金額で売れた。現地のラカイン人と次のプランを練った。妙案はなかなか生まれない。もう少し資金があれば……。話はそこで壁にぶつかった。だがひとつの朗報もあった。当時、バングラデシュの定期預金の金利は十三パーセントを超えていたのだ。記憶ではその頃、日本の銀行金利は一パーセント台だった。下手に事業を起こすより、銀行に資金を預けたほうがいいことになった。心配なのは、銀行が破綻するリスクだった。

森君の知人のなかに銀行に勤めている人がいた。急激に金利があがるのは途上国がなにかのきっかけで好景気に進みだすときの特徴らしい。ただ長くはつづかないようだった。カントリーリスクもある。定期預金として預け、三ヵ月に一回、利子を受ける方法を選んだ。それでも最初の頃は、三ヵ月に一回、三万円近くの利子を受けとった。いまはその半分もないが。

収入の途絶えたサザンペンを救ってくれたのは、日本からやってくる学生たちだった。その頃、途上国でのボランティアは就職に有利に働くということから、多くの学生たちが夏休みなどにアジアに向かった。最も多かったのはカンボジアだった。その流れはバングラデシュにもやってきた。

ボランティアだから、その受け入れ先が必要になる。僕らの学校は条件が揃っていた。

旅行会社が企画するツアーもあった。大学が独自に依頼してくることもあった。どちらにしても、旅行会社の添乗員や大学の先生が引率役になったが、それを助けるサブ添乗員のような役割を僕が担うことになる。

学校が運営難に陥っていることは、旅行会社や大学に事前に伝えた。どういう形であれ学校への寄付につながればありがたかった。しかし旅の費用を出すのは学生やその親たちである。若干の寄付は理解してもらっても……という話になる。落としどころは僕のギャランティだった。サブ添乗員としての収入が寄付にまわった。

旅ばかりしてきたが、人の旅に添乗したり、手伝ったことは一回もなかった。いや一回あった。知り合いの老人がタイのチェンマイに暮らしていた。脳梗塞を患い、左手や左足が不自由だった。彼が年に一回程度、東京や生まれ育った沖縄に帰ることがあった。そのとき、僕はいつも彼が乗った車椅子を押していた。

学生たちのサブ添乗員は気を遣う仕事だった。バングラデシュのビザをとるために大使館に向かったことがあったが、学生のひとりは、訪ねる国はカンボジアだと思い込んでいた。そこから説明しなくてはならなかった。僕はもう、数えきれないほどコックスバザールを訪ねていたから、あたり前になってしまったことが多かったが、学生たちは思わぬところで立ち止まる。

考えてみれば、コックスバザールはさまざまな国際問題が交錯する街でもあった。街はイスラム教、ヒンドゥー教、仏教などが混然と混ざりあっていた。東南アジアに広がる上座部仏教の最西端の街といってもよかった。ビルマはすでにミャンマーと国名をかえていたが、その西部で起きたロヒンギャ問題の影響も受けていた。コックスバザールの南側には難民キャンプがいくつもできていた。

学生たちは分散していくつかの家にホームステイしてもらったが、それは学校の先生たちの家だった。先生たちは皆、日本からの学生受け入れに協力してくれたのだ。そんな形の寄付や銀行からの利子などを加え、学校運営はぎりぎりの資金繰りでまわっていた。いま考えると、よく途切れずにつづいたと思う。

気がつくと、開校から三十年の年月がたっていた。先生は誰ひとり辞めなかった。学校に行くたびに、給料の話になる状況はかわらなかったが、先生との間には、不思議な関係ができあがっていった。信頼関係とも違う。三十年の間に、先生たちはすでに日本は経済大国ではないことを理解してきていた。いや、かつては勢いがあったが、老いが進む人生のように日本の経済筋力は衰えていってしまった事実に目を向けはじめたといった感じだろうか。しかしそれでも学校をつづけた。それはただ資金があったからの援助ではなかったことを共有する年月だった。資金だけの話なら、とうの昔に学校は消えていた。

しかし資金が乏しいことはやはりつらい。三十年以上前に建てられた校舎は老朽化が進んでいた。二階の廊下の板は一部が割れ穴が開いていた。壁板はシロアリにやられ、崩れ落ちてしまったところもある。窓板は腐り、雨が吹き込んでしまう教室もあった。

そんなとき、『12万円で世界を歩く』で訪ねた場所を再訪していく企画がもちあがった。その一章で、バングラデシュの農村で暮らす体験を書くことになった。ミャンマーとの国境に近い村の一軒家で一週間ほど暮らし、コックスバザールに戻った。学校での打ち合わせが待っていた。例によってさまざまな問題が吹き出てくる。廊下にできた穴、トイレの修復……そしてお決まりの給与の話……。その話を同行したカメラマンに伝えるとこういわれた。

「下川さん、クラウドファンディングやったらどうですか。下川さんがその学校の運営に三十年もかかわっていること、知らない人が多いんじゃないかな」

「クラウドファンディング……」

ずいぶん話題になっていた。

たしかに僕は旅の本を何冊も書いてきた。バングラデシュも何回か登場している。しかしこの学校の話はあまり書いてはいなかった。学校の運営の話は旅とは無縁だった。きっかけはバックパッカーということだったかもしれないが、学校運営にかかわった三十年の年月には旅の要素がない。

しかしクラウドファンディングといっても、基本構造は寄付だった。かつてファックスを送り、電話をかけてお願いした構造がインターネットになっただけだった。僕にとって寄付はトラウマだった。寄付をもらうために歩きまわった日々が浮かびあがってきてしまう。

しかしそんなことに迷っていては、廊下にできた穴は埋まらなかった。先生たちの給料をあげることもできない。

やってみることにした。そこで僕は、インターネットの威力を思い知らされることになる。三百万円を超える資金が短期間で寄せられたのだった。ネット社会の訴求力は時代が変わったかのような威力を発揮した。インターネットはコックスバザールでも見ることができる。僕らがはじめたクラウドファンディングは先生たちにも伝えていた。日々多くなっていく金額を、先生たちも毎日チェックしていた。そして自分たちのことのように喜んでくれた。

さっそく学校の修繕にとりかかった。業者に資材の選定を任せると費用が高くなってしまうと聞き、自分たちで木材や鉄骨を選んでいった。しかし資材費や工賃は確実に値あがりしていた。僕はこれまでも、しばしば校舎の応急手当で資材屋を訪ねていた。十年前に比べると二倍以上になっていた。

修繕は大規模になっていった。シロアリにやられた壁を調べると、屋根まで被害は広がっていた。屋根板も交換せざるをえなかった。廊下もすべての板をはがし、強いコンクリートにした。集まった三百万円はほぼ修繕費で消えてしまった。先生の給与にはまわらなかった。みごとに修復された校舎を先生たちと見あげた。

「資金のほとんどが消えちゃったね」

僕がそういうと、先生のひとりに肩を叩かれた。

「大丈夫。これで生徒は増える」

逆に励まされるしまつだった。

新しくなった校舎で授業がはじまった。しかしそれから一年もしないうちに世界はコロナ禍に見舞われてしまう。バングラデシュも例外ではなかった。新型コロナウイルスへの対策の手法は、国によって違いはあるが、バングラデシュの場合はまず、学校の休校からはじまった。政府の指示だった。全国のすべての学校が閉鎖になった。僕らの小学校も閉じることになった。僕もバングラデシュに向かうことができなくなった。

はじめは三ヵ月ほどで休校措置は解かれるだろうと思っていた。しかしウイルスの感染は広まりつづける。僕らの学校の生徒は貧困層の子供が多く、オンラインでの授業などとても望めない。どうすることもできない日々がつづいた。その月日は二年にもなった。


二〇二二年、バングラデシュに向かった。まだＰＣＲ検査などは残っていたが、バングラデシュへの入国は可能になっていた。三年ぶりだった。こんなに長くバングラデシュに出向かないことはなかった。

飛行機が着いたダッカは、コロナ禍以前にも増して活気に包まれていた。市内ではメトロと呼ばれる都市型電車の開通が目前に迫っていた。僕はひとつの駅を見に出かけた。この電車は高架式で、線路や駅はほぼ完成していた。駅にのぼる階段を見あげた。

「バングラデシュはもうこんな国になったのか」

隔世の感である。市内ではあちこちで高速道路やオーバーバスの建設が進み、まるで街全体が工事現場のようだった。バングラデシュはコロナ禍の間も、インフラ整備の工事を止めなかったのだ。

公務員の給料も二、三倍近くあがったようだった。高度経済成長の軌跡にバングラデシュは着実に乗っていた。公立小学校の先生の給与もあがり、僕が運営にかかわる学校の先生の給料の差は四倍近くになっていた。その学校にこれから向かわなくてはならない。

いつも通り夜行バスに乗ってコックスバザールに向かった。

学校の脇にある森君の墓に線香を立て、手を合わせる。

「やっとこれたよ。地球はいろいろ大変なんだ」

自分でそういいながら、なにをいっているのだろうと思った。

学校運営は彼の意に沿ったものではなかった。彼はバックパッカーだった。しかし多くの日本人が抱く善意は、旅と支援を区別することを許してくれなかった。

授業中だった。邪魔にならないよう後ろから教室に入る。先生と目が合った。ラカイン人らしい優しい笑みが返ってきた。しかし教室がすかすかしていた。生徒が減っていた。それは事前に報告を受けていた。コロナ禍が明け、授業が再開されても戻ってこない生徒がかなりいた。

貧しい家庭の子供が多かった。子供たちはそれが当然のように家での役割がある。店を手伝う生徒もいれば、弟や妹の世話をする生徒もいた。学校が休校になった二年間、子供たちは家の手伝いが日常になった。そんな日々に馴染んでしまったのか、学校がはじまっても教室に姿を見せなくなっていた。

貧しい家庭の親たちは、小学校も満足に通えなかった。おのずと学校への評価が低くなる。学校にいかなかった子供は、給料の安い仕事に就くしかなかった。バングラデシュの下層社会に根を張る貧困の連鎖だった。教育はそれを断ち切っていく手段のひとつだった。

授業が終わり、先生たちが教室に集まる。どうやって生徒を学校に戻らせるか……先生たちも悩んでいた。貧しい家庭からは授業料をとっていなかった。学校にこないのは金銭的な理由ではない。親の問題だった。

翌日から、授業が終わった後、手分けして家をまわることになった。僕もそのメンバーのひとりになった。

コックスバザールの街を歩きながら、先生たちは顔つきを先生から庶民のそれに変え、物価の高さを困惑気味に口にした。公立学校の先生の給料との格差については誰も口にしなかった。先生たちは知らないわけがなかった。

生徒は少しずつ戻ってきたが、その矢先、学校は盗難に遭ってしまう。表側は鉄格子をはめてあったのだが、二階の裏側の窓が壊され、天井の扇風機や配線など電気系統が一式盗まれてしまった。高度経済成長は多くの人を豊かにするが、その一方で新しい貧困を生み、格差社会をつくっていく。裏側の窓に鉄格子をはめるなどの防犯対策や新しい扇風機や配線工事など新たに資金がかかる。

学校運営には終わりはない……改めてこの言葉をかみしめる。

周囲からは「もう限界なのでは」という声が聞こえてくる。バングラデシュの物価はこれからもあがっていく。日本からの支援は期待できない。バングラデシュは豊かになってきたが、同時に学校にいけないない子供も増えている。ミャンマーからはロヒンギャの流入がつづいている。

コックスバザールの学校

森智章の墓標（コックスバザール）

第三章

『歩くバンコク』を創刊する。

『格安航空券ガイド』という情報雑誌があった。一九九〇年の創刊から二〇〇四年の休刊という幕引きまで、僕は編集長を務めた。創刊のときは『フライト・キット』というタイトルだったが。

この情報雑誌は、バックパッカー旅が発端だった。『12万円で世界を歩く』の各章末に旅ガイド風のコラムを載せたが、そこに現地で航空券を買った旅行会社名や連絡先を書いた。バックパッカー旅は基本的に期間が長い。訪ねるエリアも広い。現地で航空券を買うことになる。バックパッカーだから、できるだけ安く航空券を売ってくれる店を探しまわる。その情報を掲載した。

それはバックパッカーには、あたり前の旅の技術だったのだが、当時の日本人の旅とは違っていた。この部分に双葉社という出版社が目をつけた。「これからの日本人の旅はこうなる」と読んだようで、それらの価格情報を載せた雑誌を出版しないかという話がもちかけられた。当時は情報誌が花盛りだった。先頭を走っていたのはリクルートだった。アルバイト情報や不動産情報を集めた雑誌が重宝がられた。その流れもあった。

そして『フライト・キット』という雑誌を発行した。なかなか好評で、やがて『格安航空券ガイド』という隔月発行の雑誌に育っていった。

はじめはアルバイトの学生に手伝ってもらって雑誌は発行されていたが、やがて僕ら編集部は、ゼネラル・プレスという会社の一員になって発行をつづけた。十人近い部員を抱える編集部が構成された。

ゼネラル・プレスはさまざまな媒体の製作を受注する編集プロダクションでもあった。やがて自分たちで出版事業を展開することになる。そのなかから『歩くバンコク』というガイドブックが生まれた。

これは僕の発案でもあった。ベースにはバックパッカー旅があった。

当時、個人旅行者は『地球の歩き方』というガイドブックを買って旅に出ることが多かった。旅慣れていることを自慢するバックパッカー初心者は、「あれは地球の迷い方だね」などと揶揄し、なかには間違っている部分を赤いボールペンで訂正を入れたりしていた。ロンリープラネットという英語版のガイドブックをあえて使うバックパッカーもいたが、やはり皆、『地球の歩き方』を頼りにしていた。

このガイドブックは情報の多さを売り物にしていたから、改訂版が発行されるたびに厚くなっていった。

バックパッカーの旅は、ときにザックを背負って長い距離を歩くこともあるから、荷物を軽くすることは行動範囲を広げることにもなる。改定されるごとに厚くなる『地球の歩き方』は逆の方向に向かっていたわけだ。バックパッカーは何ヵ国もまわることが多いから、各国の『地球の歩き方』を揃えると、何冊にもなる。それだけでかなりの重さになってしまう。

僕もそうだった。ザックに入れた数冊のガイドブックは、ザックのベルトを通して肩に食い込んでくる。そこでバックパッカーたちは、『地球の歩き方』の軽量化を図りはじめる。製本された本をちぎり、必要なページだけをもち歩くようになっていくのだ。

ガイドブックの必要ないページを削ぎ落していく……最後に残るのは地図ページだった。しっかりした地図があれば、だいたいの国や街を歩くことができた。

その地図だけを集めたガイドブックはできないだろうか。そこから『歩くバンコク』というガイドが形づくられていった。見開きページの右側は詳細な地図。そして左ページには、そのエリアの店を紹介していく。そんな構造がかたまっていった。ポイントは詳細な地図。そして軽いこと。つまりは薄い本だった。

僕はゼネラル・プレスの社長を連れてバンコクに出向いた。僕にはもうひとつの発想があった。『歩くバンコク』の製作を、バンコクに暮らす日本人に託すというものだった。

新聞社を辞め、長い旅に出た。バックパッカー旅だった。帰国後はフリーランスのライター仕事に就いた。会社勤めではないから、日程を調整して、年に何回か旅に出ていた。東南アジアが多かったのは、物価が安いこともあったが、東南アジア、とくにタイにはまっていたからでもあった。フリーランスとはいえ、日本で働いていると仕事の澱のようなものが体に貯まっていく。安い運賃の飛行機に乗り、バンコクのドンムアン空港に着くと、そんな体が軽くなった。そこにあったのは、南の国の人々の人生哲学のようなものへの憧れだった。先のことは考えず、頑張って生きない……僕はバンコクに向かう飛行機のなかで、その言葉を呪文のように唱えていた。

それが高じて僕はタイに暮らすことになる。タイ語を学ぶという口実はつけたが、本心は日本からの逃避だった。一年近くタイで暮らすと、フリーランスの仕事で貯めた資金も底をついてくる。「また働かなきゃな」と、重い足どりで東京に戻った僕を待ち構えていたのが、朝日新聞社のM氏だった。

「おまえ、金、ないだろ」

「は、はい、ありません」

そこではじまったのが『12万円で世界を歩く』という企画だったのだ。

タイのバンコクに一年近く暮らして知ったことは、僕のように日本から逃げるようにしてバンコクにやってくる日本人が増えていることだった。それぞれ別の思惑があり、皆が皆、日本から降りるようにタイに渡ったわけではなかったと思うが、少なくとも、タイでひと旗揚げるぞ、と一時代前の商社マンのようなテンションに揺り動かされて日本を離れたわけではないタイプだった。日本社会に閉塞感を抱いた人たちが多かった。

彼らの収入を支えたのが、バンコクのフリーペーパーブームだった。フリーペーパーは、資本が少なくてもはじめられるビジネスだった。編集兼広告営業のスタッフが二、三人といった体制の会社が多かった。広告頼みの世界だったが、当時のバンコクは日本から進出する企業や工場が多かった。駐在員とその家族、出張組も年を追って増えていた。日系の飲食店が次々にオープンした時期だった。そんな店がフリーペーパーに広告を出した。多いときで二十誌近いフリーペーパーが発刊されていたように思う。

当時、バンコクには十万人近い日本人が暮らしているといわれた。しかし大使館に在留届を出している日本人はその半分ほどだった。残りの人たちは会社からの派遣ではなく、それぞれの思いでバンコクに暮らす移住組だった。そんな人たちの働き口のひとつがフリーペーパーだったのだ。

彼らが『歩くバンコク』の製作にかかわってくれるのではないかと思っていた。話を進めていたのは『ダコ』というフリーペーパーだった。バンコクで発行されるフリーペーパーのなかでは高い人気を保っていた。発行は隔週だった記憶がある。そのなかにソイのなかの詳しい地図を掲載しているページがあった。

バンコクに限らず、タイの街はタノンと呼ばれる大通りと、そこに交わるソイという路地で形づくられていた。ソイが居住エリアで、日本でいったら町のような存在だった。店の多くはソイの入口に集まっていた。『ダコ』には毎号、連載のように違うソイの地図が掲載されていた。これを下敷きにすれば、バンコクの詳細な地図帳のような本ができる予感があった。

『歩くバンコク』の発行を思いたったもうひとつの理由は、バンコクの都市交通だった。タイは高度経済成長に包まれていて、人口の集中が進んでいた。バンコクで働こうとする人たちが全国から集まってきていた。住所は田舎に置いたままのタイ人が多かったからバンコクの人口はわかりずらかったが、周辺県を加えたバンコク経済圏に暮らす人は、一説では一千万人を超えているのではないかといわれていた。立派な大都市である。しかしバンコクには都市型交通としての電車はなかった。

当然、連日、大渋滞が起きる。乗っていたバスが渋滞にはまり、一時間たっても一センチも前に進まなかった、といった話は珍しくない街になっていた。帰宅時にスコールに見舞われると大渋滞が起きてしまい、夕方会社を出たのに帰宅できたのは午前零時をまわることすらあった。車での通勤組は、「車内に尿瓶を用意しないといけない」と真顔で語っていたほどだった。

そのなかで、一九九九年にようやく高架電車が完成した。最初はタイ語でロットファイ・ファァー、つまり高架電車と呼ばれていた時期もあったが、いつの間にかBTSと呼ばれるようになった。英語表記の頭文字をとったものだった。

運賃も高く、電車というものに慣れていなかったバンコクの人たちの反応は鈍かった。しかしすぐに定着していくことは目に見えていた。BTSは渋滞と無縁だった。BTSの駅はソイの入口につくられることが多かった。

バックパッカーの発想、『ダコ』の地図、そしてBTS。これを合体させたのが『歩くバンコク』だった。製作は『ダコ』の編集部が請け負ってくれることになった。『ダコ』がプロダクションのようになり、ほかのフリーペーパーのスタッフや、こういった仕事に興味をもつ人を集め、『歩くバンコク』は二〇〇〇年に創刊された。書店からは、こんなに薄いガイドは売れないよ、といわれた。書店に並んだ本は五十ページもなかった。しかし『地球の歩き方』には遠く及ばなかったが、新参ガイドブックとしては反応はよかった。バックパッカーの旅は、こうして一冊のガイドブックになった。

好調な売れ行きを背景に、台北、ソウル、香港、パリ、ホノルル、上海、ベトナムと発行する都市を増やしていった。僕はバンコクを中心にした東南アジアの読み物を書くことが多くなった。

年に一回発行される『歩くバンコク』の売れ行きは堅調だった。僕は監修という立場だったが、製作は『ダコ』に任せっきりだった。毎年、春に僕はバンコクに出向き、その年の『歩くバンコク』の編集方針や改善点などを話し合った。その次は六月にバンコクに行き、初校ゲラを一週間近くをかけてチェックした。そして七月には発行。そんなサイクルができあがっていった。日本だけでなく、バンコクでも売れた。バンコクは日本の本社から出張する人が多い街だった。仕事にかこつけてのゴルフ組や、夜のバンコク組も多かった。バンコク駐在員はそのアテンド役になる。そのときに『歩くバンコク』が役に立った。

僕はバンコク以外の都市での製作に奔走することになる。依頼するのは現地のフリーペーパーだった。しかし『ダコ』のように元の地図をつくっていたフリーペーパーはなかった。そして人手が少ないところも多かった。そんな都市では、スタッフ集めからかかわらなくてはならなかった。

僕にとっては負担が少ない『歩くバンコク』だったが、創刊から十数年がたった頃から雲ゆきが怪しくなってくる。それはどのガイドブックも直面する情報誌の宿命でもあった。インターネットの急速な広まりが、紙媒体を脅かすようになっていくのだ。

インターネットで得る情報は無料のものが多かった。そして新しい情報に次々に差し替えていくことができた。新しい情報を無料で提供してしまうインターネットを前に売りあげの減少がはじまるのだ。

一九九〇年頃から二〇一〇年あたりまでが、タイを扱うガイドブックの黄金期だったように思う。「タイは若いうちに行け。」というタイ国際航空のコマーシャルで使われたキャッチコピーが人気を集め、若者、とくに若い女性たちがタイに向かった。進出する日本企業も多く、バンコクのなかでの日本の存在価値も高かった。その流れに『歩くバンコク』も乗ったということなのだが、やがてその時代も、じりじりと勢いを失っていくことになるのだ。

それはフリーペーパーも同じだった。その内容は情報誌に近かったから、インターネット情報に浸食されはじめていく。フリーペーパーだから無料だったが、インターネットのサイトは内容を無制限に増やすことができた。フリーペーパーの情報量は少なかった。

広告を出していた飲食店なども、自らインターネットを使って宣伝をするようになる。フリーペーパーは広告収入でなりたっていたから致命的なことだった。これはなにもバンコクで起きたことではない。世界的な傾向だった。日本でも「ぐるなび」や「食べログ」といったインターネットの店舗情報が紙媒体の情報誌を凌駕していく。『歩くバンコク』をはじめとする僕らがつくっていたガイドブックも、多くの紙媒体のガイドブック同様、売りあげの減少という流れに巻き込まれていくことになる。発行が難しい都市も出てきた。それでも『歩くバンコク』は売りあげの減少幅が少なかった。バンコクという街のファンの存在が大きかったのかもしれない。彼らは年に何回もバンコクに出向くタイプで、ガイドブックなど必要ないのだが、『歩くバンコク』がどんな店を掲載しているのかチェックするために買う人もいた。

密かに通うイサン料理という東北タイ料理の安い店があり、彼は誰にも教えず、その店に座ることがバンコクの最大の楽しみになっていた。そこがあっさりと『歩くバンコク』に掲載されてしまったときの落胆たるや……そんな話を延々と書き綴ってくれた読者もいた。

『ダコ』の編集部にはFさんがいた。僕より二十歳も若い編集者だった。途中から、『歩くバンコク』のダコ側の担当者は彼になった。彼が地図のチェックの担当者や、店を取材をするスタッフを手配していった。僕も彼と連絡することが多くなった。実質的な編集長はFさんといってもよかった。

どういう経緯で彼が『ダコ』の編集者になったかは詳しくは知らない。僕らの世代は、なぜタイで働くようになったのかを訊くことに若干のためらいがある。一度、チェンマイで鬱を患ってしまったヤクザと会ったことがある。彼は金のとりたてに向かったのだが、気がつくと森のなかでぽつんと立っていた、といった話をまるで他人ごとのようにとつとつと語った。後で聞いたところでは、チェンマイにも金のとりたてにきたのだが、なにもせずに毎日、ぼんやりしているということだった。組にしても彼の扱いに困っていたのかもしれない。リハビリを兼ねてタイに送ったのだろうか。

心の病を抱えてタイにやってくる人は少なくなった。日本に比べれば仕事探しは楽だった。採用の審査も甘かったのかもしれない。日本で病歴があっても、タイで調べることはなかなか難しかった。一度、あるフリーペーパーの社長からそんな悩みを聞いたこともあった。編集経験のある女性をひとり雇ったのだという。彼が面接をして採用したのだが、半年ほどがたつと欠勤が目立つようになった。そんなとき、その女性の彼だという男性の訪問を受けた。日本からわざわざやってきた。彼はその女性の様子を見にきたのだといった。彼の口から、その女性がパニック症候群と診断された過去を知った。

「彼はストーカーなんだろうか」

社長からそう訊かれても僕は答えようもなかったが。

離婚や会社の倒産や解雇……タイにやってきた理由をよく訊くと、そんな事情に出くわすことがよくあった。日本で食い詰め、タイに流れてきた、というほどではないが、日本での日々は仄暗い人が少なくなかった。

しかし時代は少しずつ変わっていた。『ダコ』は定期的に日本の求人誌に採用広告を出していた。いまならズームで面接ということになるのだろうが、インターネットはそこまで便利にはなっていなかった。まず電話で話をし、面接はタイというスタイルだった。

「いや、最近は新卒で応募してくる若者がかなりいるんですよ。編集や営業経験者って書いているのだけどね。彼らと話すと、海外で働きたいって皆、口を揃える。なんかニューヨークの国連で働くようなつもりの学生もいてね」

『ダコ』の社長は苦笑いをつくりながら話してくれた。タイはもうそんな街に映っていたのかと思ったものだった。

Ｆさんは三十歳台半ばだった。『ダコ』で働きはじめて数年がたっていた。タイにきたとき、すでに編集の仕事は知っていたそうだから、日本でどこかの出版社か編集プロダクションで働いていたと思う。バンコクに転職したわけだ。彼がやってきたとき、仕事をしながら、ちょこちょこっとチャットでタイ人とやりとりしていたらしい。当時、タイの女性と知り合いになれるチャットがすでにあったという。それを見たとき、『ダコ』のスタッフは、

「そういう人か……」

と思ったという。女性目当てにタイにやってくる日本人男性は多かった。しかし多くがカラオケクラブやゴーゴーバーでタイ人女性と知り合った。それに比べると、Ｆさんはチャットである。タイ語でやりとりができたのだろうか。

タイについてはかなり詳しそうだったという。働きはじめてすぐにタイの中華街の特集の誌面をひとりで編集した。タイには何回もきているはずだった。彼と話していると、タイのポップスにやたら詳しかった。

チャットにタイポップス……。単に女性目当てというより、どこかタイオタクの顔が見えてくる。オタク気質というのは、興味があることには異常なほど詳しくなる。ロシアの鉄道を調べるために、ロシア語が読めるようになったという鉄道オタクも知っている。しかし興味のないことには、怖くなるほど冷淡でもある。悪い人ではないがバランスが悪い。一時、鉄道関係の本にかかわったことがある。鉄道オタクとつきあうことになったが、どこか子供のまま大人になったようなタイプが多いから、僕にとってはとるに足らないようなことに彼らはこだわる。それはそれで、つきあいにくい面があった。

Fさんも入口はタイ好きということだったのかもしれないが、気質がオタクだったとすれば合点がいく部分もあった。彼の口ぶりは、諸手を挙げてタイを受け入れるというより、タイの興味のある世界に入り込むと目を輝かせ、よりタイが好きになるといったタイプのようにも映った。

オタク気質の人はつき合いがうまくない人も少なくないが、Fさんは編集部でなんとかやっていたわけだから、それなりのバランス感覚はあったと思う。最初は新米編集者といった顔つきだったが、しだいに編集者らしい目つきになっていった。

バンコクには二十誌ちかいフリーペーパーがあったが、文字をチェックする校閲の専門家はいなかった。皆、自分たちで校閲をこなす世界だったから、ときに誤字や表記の不統一が気になることがあった。しかしそのなかでは『ダコ』のレベルは高かった。それはFさんの能力でもあった。タイ語のカタカナ表記はなかなか面倒だった。カタカナで表現しにくい音がいくつかあり、それらは独自にルールを決めるしかなかった。彼はタイ語表記に異常なほどのこだわりを見せた。几帳面な性格というよりオタクだった気がしないでもない。

『歩くバンコク』は、毎年地図を細かくチェックしているが、その通り名などはFさんが統一したカタカナ表記が使われている。たとえばバンコクのメイン通りのひとつであるสุขุมวิท通りは、スクムビット通りと書かれている。この通り名のカタカナ表記は本によってさまざまだ。スクンビット通りと書かれているものもあれば、スクムヴィット通りという本もある。どれが間違っているというわけではない。距離が長い通りだから、さまざまな地図に登場する。それをチェックし、スクムビット通りに統一したのは、いってみればFさんの遺産でもある。表記のブレはなにもない。

一度、僕がチェックしたゲラを手に編集部を訪ねたことがあった。夜になってしまい、編集部には彼だけが残っていた。彼も同時にゲラのチェックをしていたのだ。

いつになく上機嫌だった。机の上にタイのシンハービールの缶が二個見えた。彼はビールを飲みながら文字のチェックをしていたのだ。日本では考えられないことだったが、まあ、ここはバンコクである。

後で別のスタッフがこんな話をしてくれた。

「Fさんは毎日、夕方からビールを飲みはじめるんです。誰とも話さないで、ビールを飲みながらゲラをチェックするんです。ときどきタイポップスの歌を口ずさんでいることはあるけれど。Fさんがいうには、ビールを飲みながらゲラをチェックする時間がいちばん楽しいっていうんです。彼はだいたい最後まで編集部にいる。ビールを飲みながらゲラをチェックしている背中をよく見る。ちょっと話しかけられない雰囲気。彼の世界に入り込んでいるっていう感じで」

そんなスタイルで彼は仕事をしていた。オタクという概念でいえば、校閲の仕事は彼の性格にピタッとはまっていたのだろう。それは彼にとって幸せな時期だった

しかし状況は少しずつ暗転していった。フリーペーパーだから販売部数とは無縁だが、広告収入が年を追って悪くなっていった。誌面の広告からインターネットへという流れである。消えていくフリーペーパーも出てきた。『ダコ』も経営の縮小に向かわざるをえなくなっていったようだった。

そのなかでFさんは退社した。『歩くバンコク』だけを請け負う契約になった。編集部内には机もあり、通勤するスタイルもとれた。収入は大幅に減ることになるが、

「アルバイト原稿があるから」

と彼はいっていた。バンコクにあるフリーペーパーのスタッフには、日本からしばしば原稿依頼があった。バンコク人気のなかで、タイにかかわる原稿や写真を依頼さ

れるのだ。それが彼らの副収入になった。Fさんはタイの音楽にはかなり詳しかったから、音楽雑誌の依頼もあったのかもしれない。

彼は戦勝記念塔に近いランナム通りにアパートを借りていた。はじめのうちは『ダコ』の編集部やその近くのカフェで打ち合わせをしたり、ゲラをチェックすることが多かったが、あるときから、アパートに近いランナム通りのカフェで会うことが多くなった。

「『ダコ』まで行くと、交通費がけっこうかかるんで……」

と彼はいった。

午前十時、十一時といった時刻に会うことが多かった。カフェに現れたFさんは一見、なにも変わらないように映ったが、向かいに座った彼から酒のにおいが漂ってきた。ハーフパンツ姿だったが、脛には虫に刺された跡がいくつもあった。いやな予感がした。彼は少しずつ壊れはじめているような気がした。

『ダコ』のスタッフから相談を受けたのはそんなときだった。Fさんは不眠症に陥っているという話だった。不眠症と酒……予感がつながっていく。相談の内容は、『ダコ』の社長への激しい個人攻撃だった。暗いネットの住人に落ちていくFさんの姿がだぶって見えた。彼は鬱に侵されつつあったのかもしれない。

それでも二年、Fさんとつきあった。つまり彼との共同作業で『歩くバンコク』を二回発行した。

二年目の彼の仕事量はずいぶん減った。ランナム通りのカフェにやってきた彼は、酒臭い息を吐きながら、「まだ半分しかできていないんです」と頭をさげた。僕の仕事量は一気に増えていった。

二回目の『歩くバンコク』をつくっていたとき、彼は日本に帰ることが決まっていた。「引っ越しって大変でしょ」などといったあたり障りのない話をしながら編集作業を進めていたが、結局、彼の受けもちの半分以上を残したまま、日本に帰る日が近づいてしまった。彼の表情を見ると、「残った分はどうするの」ともいえず、最後はランナム通りのカフェで別れた。

「日本に帰って、なにか仕事はある？」

と訊いても、彼ははっきり答えなかった。

「とりあえず実家に帰ってから考えますよ」

彼は自分の病状をどこまで理解していたのかはわからない。バンコクでも病院に行ったという話を耳にした記憶がある。

「実家に帰れば酒をやめられるような気がしてるんです。仕事の途中で帰ることになって、すいません。ギャラは半分でいいですから」

「環境を変えるのはいいことだと思うよ」

と僕は言葉を濁した。単なるアルコール依存だと思っていたのだろうか。バンコクの病院でそういわれたのかもしれないが、医師もわかっていたはずだ。しかし彼は、アルコールさえ断てれば……という一点にすがろうとしていたのかもしれない。

「地方都市じゃ、編集の仕事もすぐにはないかもしれない。相談に乗るから、また連絡ください。来月には僕も日本に帰るから」

夕方のカフェは、学校帰りの高校生でにぎわっていた。ぽつんと座る彼の姿が少し小さく見えた。「ギャラは半分っていうわけにもいかないだろうなぁ」と考えていた。

Fさんの訃報が届いたのは、それから一年半ほどがすぎた頃だった。彼は東京にいた。搬送先の病院で亡くなったという。

Fさんが帰国してから半年ほどがたった頃だろうか。彼からメールが届いた。実家のある街には手伝い程度の編集の仕事しかなく、東京に出るつもり、と書かれていた。東京にきたら連絡を、という返信を出したが返事はなかった。

日本は新型コロナウイルスに揺れていた。Fさんが帰国した年の年末、中国の武漢からはじまった感染は瞬く間に世界に広がっていった。日本では緊急事態宣言が出された。そのさなかにFさんの死は伝わってきた。新型コロナウイルスに感染したのかと思ったが、どうも違うようだった。しかし病名は杳として知れなかった。自殺ではないか……という人もいた。

皆が口を揃えたのは、日本での様子を訊く相手がまったくいないということだった。Fさんと親しかった人……僕らは誰も知らなかった。連絡をとる相手がいないのだ。実家の連絡先も知らなかった。後になって、東京の出版社に就職が決まっていたようだ、という話を耳にしたが、それも本当なのかどうかもわからなかった。

Fさんの死は、新型コロナウイルスに汚されたような気がした。落ち着いている時期なら、もう少し、日本での暮らしぶりも伝わってきたのかもしれないが、毎日、発表される新型コロナウィルス感染者の数に翻弄され、Fさんの死は埋もれていった。

その年の一月、僕はバンコクにいた。『歩くバンコク』の制作体制をつくろうとしていたのだ。Fさんが日本に帰国してからは大変だった。これまで手伝ってくれた人たちに連絡をとり、なんとかしのいできたが、それも限界に近かった。

何人かに地図のチェックを依頼し、店舗の紹介などを頼んで帰国したが、それからタイに行くことは一気に難しくなっていく。世界各国は感染の拡大を防ぐために入国を厳しく制限しはじめる。観光客がタイに行く道は閉ざされてしまう。『歩くバンコク』の取材を依頼した人の何人かは地図チェックをはじめていた。急遽、その作業を止めてもらう連絡をとった。『歩くバンコク』発行は難しくなっていった。

旅は封印され、息をひそめるようにして生きる二年間がすぎようとしていた。僕はバンコク市内の東タイ料理の店で、Yさんというひとりの編集者と会っていた。以前から『歩くバンコク』のレイアウトを担当してくれたデザイナーも一緒だった。

新型コロナウイルスの感染が広まりはじめた頃、専門家は動揺を鎮めようとしたか、こういったものだった。

「心配しないでください。感染はだいたい三年で収まりますから」

疫学上はそんなデータがあったのだろうが、それを聞いた人々は耳を疑った。

「三年？」

多くの人が二、三ヵ月、いや半年くらいで収束すると考えていたから、三年という年月を信じようともしなかった。しかしウイルスの弱毒化は専門家のいう通りに正確に進み、二年がすぎた頃から、ポストコロナの話も出はじめていた。『歩くバンコク』も発行日が決まったわけではないが、なんとなく再開の空気が生まれてきた。

しかし二年も発行されなかったガイドを再びつくることは大変だった。

入国規制がなくなったわけではなかった。ワクチンの接種証明は必要で、ＰＣＲ検査も受けなくてはならなかった。バンコクのホテルでの隔離もあった。そこまでしてバンコクに入ったのには意味があった。

『歩くバンコク』を発行できるようになるかもしれない、という状況のなか、僕は以前、誌面づくりに協力してくれた人たちに連絡をとった。そこで知らされたのは、まるで焼野原のようになっていたバンコクのライター事情だった。次々に戻ってくる返信には、日本に戻っていて協力は難しい……と書かれていた。

ほとんどの人がバンコクのフリーペーパーを主な収入源にしていた。フリーペーパーは広告で成りたっている。販売収入はない。コロナ禍のなか、多くの飲食店がテイクアウト専門になっていた。なかには休業しているところも少なくなかった。そのあたりは日本より厳しい面があった。当然、収入は激減していた。タイは日本のような給付金もなかったから、ただ嵐が去るのをじっと待つしかなかった。そんな店からの広告で成りたっていたフリーペーパーは、一気に窮地に立たされてしまっていた。コロナ明けまで休刊という状況に追い込まれていってしまうのだ。無理もない話だった。

そこで働いていたライターたちへの給与もなくなった。ウィルスが街から消えていくまでアルバイトでも……と思っても、そこにはビザの壁があった。タイは労働ビサがないと働くことはできない。それは日本も同様である。労働ビザをとるにはフリーペーパーの会社の社員にならなければならず、ほかの会社の仕事はできなかった。バンコクに仕事がなかったわけではない。フリーペーパーの業界に仕事はなかったが、工場や販売の世界に職はあった。しかしビザがない。働くことができないのだ。日本のように感染が収束するまでアルバイトでしのぐということができなかった。

収入がなければバンコクにいることができない。皆、帰国を余儀なくされてしまっていた。「いまコンビニバイトです。収束したらバンコクに戻りますが」「実家の手伝いでなんとかやっています」。そんな短信を書き添えてくる人が多かった。

それがフリーペーパーというものだったのだ。「大工殺すにゃ刃物はいらぬ。雨の三日も降ればよい」という戯れ歌があるが、フリーペーパーにとっての「三日の雨」は新型コロナウィルスだった。

次々に届くメールに天を仰いだ。地図をチェックし、原稿を書いてくれる人がひとりもいないのだ。まず人探しになるのだが、それは難航しそうだった。しかしそう手をこまねいてばかりはいられなかった。

それがPCR検査を受け、隔離を経験しながらもバンコクに出向いた目的のひとつだった。『ダコ』は紙の発行を諦め、ウェブの形になっていた。そこで僕は連載記事を書いていたが、その担当者がYさんだった。なかなか几帳面な編集者だった。コロナ禍の間も、日本に帰ることなく、バンコクで仕事をしていたということは、なかなか優秀な編集者なのかもしれなかった。

バンコクでは多くの店が扉を閉めていた。規制は緩められ、昼は営業できるようになっていたが、テーブルを埋める客が姿を見せない店が多かった。しかし僕らが入った店は、タイ人客でにぎわっていた。しっかりとした料理を出していた店はやはり生きのびる。それは店にも人にもいえることなのかもしれなかった。僕はその店で、大好きなナンプリックを注文した。ガピと呼ばれるエビの発酵食品をベースに、さまざまな香辛料を混ぜてつくるディップである。野菜や魚につけて食べる。

僕はFさんの役割を担ってくれる人を探していた。スタッフを探し、体制を整え、『歩くバンコク』の発行までの道筋をつけてくれる編集者だった。

それとなく話をにおわすと、Yさんは話題を変えた。彼女は薄々気づいていた気がする。そして『歩くバンコク』の編集の仕事がいかに大変か……も。後日、彼女が手がけたというウエブ版の『ダコ』を見た。緻密な内容構成になっていた。これを毎回やっていたとしたら、体がもたないのでは……そんな仕あがりだった。

どうしたら『歩くバンコク』の編集体制をつくれるのか、なにも見えないまま帰国した。やはりきちんとYさんに頼み込むしかないような気がした。僕も手伝う形で、折り合いがつくだろうか。

半年ほどがたった。デザイナーから、Yさんが姿を消したという連絡が入った。連絡がとれなくなり、編集部がアパートを訪ねたが鍵が閉まったままだったという。

日本に帰ったのだろうか……。しかし誰ひとり、彼女の実家の連絡先は知らなかった。つてを辿ってわかってきた日本の連絡先はまったく違うところだったという。彼女もFさん同様、親しい友達がまったくわからなかった。二ヵ月ほどして彼女は戻ってきた。どこにいたのか、ひとことも口にしなかったという。

『歩くバンコク』の発行が正式に決まった。しかしスタッフはいなかった。編集の仕事は未経験という人に頼むしかなかった。この本が好きだという建設会社の社員、駐在員の奥さん、タイ人男性と結婚した女性、日本語は堪能なタイ人……。皆、『歩くバンコク』のファンだった。しかし地図のチェックをしたこともなければ、原稿は一行も書いたことがない人たちだった。

僕のとった方法は、とにかく歩いて地図はチェックしてもらい、自分のやり方で地図を修正部分を書き込んでもらう。それをデザイナーに渡し、連絡をとりながら直していく。原稿は難しいので、とにかくメモをいっぱい書いてもらい、それを元に文章にまとめていくというものだった。

誰がまとめていく？

僕がやるしかなかった。

二週間から三週間、バンコクの宿にこもれば、三百軒を超える店の紹介原稿をまとめることができるだろうか。

やってみるしかなかった。

『歩くバンコク』は僕の発案だった。詳細な地図。そして本が軽いこと。原稿を書くのは現地に暮らすスタッフ……。そんなコンセプトは評価されたが、インターネットの広がりのなかで徐々に売りあげが落ちていった。そして新型コロナウイルスという洗礼を受けることになる。休刊の潮どきだったのかもしれないが、僕は少し踏ん張ることにした。目に見えないウイルスに負けていくことはやはり悔しかった。

しかしその先に待っていたのは、ひとり編集という現実だった。いや、すべての原稿を書くのだから筆者でもある。本一冊ほどの原稿を書きあげ、自分で編集をする。地図をチェックする人がみつからないエリアは、僕が歩くしかなかった。一時は、「はい、これが初校です」とFさんから受けとればよかったが、彼の姿は消え、依頼していた『ダコ』も紙の世界から撤退し、僕は一兵卒になってバンコクの街を歩きまわることになった。

いったいなにをしているんだろうと、店を紹介する原稿に疲れ、ぼんやりとバンコクの夜景を眺めながら考えてしまう。これがバックパッカー旅の落とし前ということなのだろうか。バックパッカーの間に伝わる戯れ歌があった。


――金の北米　女の南米　耐えてアフリカ　歴史のアジア　ないよりましなヨー

ロッパ　問題外のオセアニア　豊かな青春　みじめな老後――

バックパッカーの間では有名な安宿だったバンコクの楽宮旅社の壁に書かれていた落書きだった。僕も実際にその落書きを目にしていた。

そのときは、若い頃、浮かれ雲のように旅をつづけ、定職にも就かなかった若者が年をとり、旅にも出ることができず、金もない日々を送る人生を自嘲の響きに乗せて綴ったものに映った。しかし「みじめな老後」とは、金もない困窮老人ではなく、自らつくった仕事に振りまわされ、七十歳も近いというのに、とぼとぼと地図をチェックしながら暑いバンコクの街を歩くことを指していたのかもしれない……そんなことを考えることもあった。

もっともそう考えるようになったのは最近のことで、最初は自分ですべてこなさなければいけないのは最初の一回ぐらいだろうと思っていた。翌年には、避難するように日本に帰っていたライターや編集者も少しずつバンコクに戻り、紙媒体にウエブ形式を併用させた形で情報誌が復刊されるだろうと考えていた。すぐに楽観論に傾いていってしまうのがバックパッカーのいけないところなのかもしれないが、最初の一回さえ頑張れば……という思いはあった。

『歩くバンコク』の制作は、いつにない長丁場になった。ひとりでまとめていくのだから当然だった。そしてふーふーいいながらなんとか刊行まで漕ぎつけた。

久しぶりということもあったのか、『歩くバンコク』は好評だったが、バンコクに日本人の観光客は戻ってこなかった。コロナ禍が明け、元気な欧米人やインド人観光客が続々やってくるというのに、バンコクの空港のイミグレーションに並ぶ列に日本人の姿をみつけるのが難しいほどだった。日本人客が多く泊まったホテルのマネージャーは、「日本人はどうしちゃったんでしょう?」と頭を抱えた。まだウイルスが怖いのか、コロナの嵐のなかで財布はますます薄くなってしまったのか。ある旅行関係者はこう分析した。

「海外旅行ができない三年間の間に、海外への熱が冷めてしまった気がするんです。旅が制限された当初は、海外に出たくてうずうずしていたというのに、その時期がすぎると、旅に出なくてもいいんじゃないっていう意識に変質してしまった。勢いが削がれたというか。なかにはその間にパスポートの有効期限が切れてしまい、新しくつくる気力がなくなったという人もいる。経済的な理由も大きいけど、そんな意識の変化がコロナ禍の間に起きてしまったとしか思えない」

観光客がやってこなければ、情報誌の復刊も難しい。飲食店は広告を出す気運にもならない。日本に戻っていたライターたちのなかには、さもバンコクにいるようにして情報を発信し、収入を得る人も多かった。インターネットはコロナ禍のあいだにさらに便利になり、ズームを使って現地から話を訊くこともできる。彼らは日本での暮らしに根が生えはじめていた。

一冊目の刊行を終え、かつてのバンコクで制作を手伝ってくれた人々に連絡をとったが、色よい返事はほとんど返ってこなかった。

次回もまたあの苦労を繰り返すことになる……。首うなだれ、僕は下準備のためにバンコク行きの飛行機に乗ることになる。僕はそういう星の元に生まれたのだろうか。いつまでたっても楽になれない。

コロナ禍が明け、『歩くバンコク』を二回つくり、三回目の編集がはじまっていた。次々に届く店の情報を整理する日々にまた突入していた。その最中に、また訃報が届いた。Fさんに代わる編集の仕事を依頼しようとし、中途半端な状態のままになっていたYさんの死が伝わってくるのだ。

Yさんは僕と会った後、失踪してしまった。それからしばらくして姿を見せ、編集の仕事に戻っていたのだが、二〇二二年の十二月に再び連絡がとれなくなってしまったという。知人たちはいろいろ探したようだが、まったく居場所がつかめなかったようだ。

「やはり病んでいたのかもしれない。心の病気かな。今度は日本に帰った気がする。元気になって戻ってきてくれればいいんですが」

知り合いからそんなメールが届いた。

それから一年半――。バンコクの病院に緊急搬送され、そこで亡くなったという。循環器、呼吸器不全が死因だった。そのとき彼女はまだ三十八歳だったことを知った。しばらく仕事が手につかなくなってしまった。彼女は日本に帰ってはいなかった。おそらくバンコクにいたのだろう。大使館からの連絡で両親がバンコクにやってきた。そこでわかったことは、彼女はもう十年以上も日本に帰っていないということだった。Yさんと親しかったわけではない。会ったのはまだ新型コロナウイルスが収束する前のバンコクのレストランだった。それ以降はメールのやりとりが何回かあった程度だ。

しかし重い死だった。生きるエネルギーが吸いとられていくような気がした。そして彼女の先にFさんの笑顔が浮かんできた。そういえばFさんもまったく日本には帰っていなかった。

ふたりとも、タイに肩まで浸かって生きていた。僕などに比べれば、ずっとタイ語もうまかったはずだ。バンコクに居場所をつくろうとしたのだろう。十年以上、日本に一時帰国もしなかった。

僕はバックパッカーあがりだが、幸運なことに本を書くという仕事にめぐり合い、日本に居場所をつくった。さも、タイに詳しいような顔をして、日本とタイの間を行き来していたが、ふたりは違った。タイが居場所だった。その思いが少しだけわかる。だから死に直面すると、言葉に詰まる。

タイという国、バンコクという街はなんなんだろうか。ヤマアラシの棘のように、近づけば近づくほど、互いに傷つけてしまうとでもいうのだろうか。もしそうだとしたら、タイは魔界である。

いまだ『歩くバンコク』の編集者は現れない。僕は一兵卒になって、バンコクの街を歩いている。これがバックパッカーの老後なのだろうか。

歩くバンコク（2025年版）

第四章

アジア人の人生に翻弄されていく。

七十歳になり東京都のシルバーパスを買った。一年間で二万円ほどだ。これを見せると、都内を走るバスなどが自由に乗ることができる。だから最近、仕事場にはバスで向かうことが多くなった。その車内で朝、いつもすることがある。タイにいるタイ人の知人へのラインだ。

〈はれるの漢字は四個。晴れるは天気。腫れるは病気。貼れるは紙を貼る。張れるはふくらむ〉

実際は「はれる」の漢字はまだある。漢字の説明も正確ではないが、このほうがわかりやすいだろうと考えて文字を打つ。

知人のタイ人はいま、独学で日本語検定のN２をめざして勉強をしている。毎日のように疑問が送られてくる。「はれる」の漢字がわからないと送られてきた。たぶん何年か前のN２の試験問題に出たのだろう。

レベルがひとつ低いN３の受験までは日本語学校に通っていた。N２はぐんと難しくなる。受験する人も少なくなる。勢い、学校も少なくなり、授業料も高くなる。だから独学を選んだのだろうが、日本語検定のN2はそう甘くない。

実は彼女は一回、東京で日本語学校に通っている。以前、バンコクでタイ人の家に下宿させてもらい、タイ語学校に通っていたことがあった。その下宿一家が中部タイのウダイターニーの出身だった。その縁でウダイターニーの隣の町に住む中年の女性を紹介された。娘さんを日本に行かせ、日本語を学ばせたいというのだった。僕が手つづきをすませ、学校に通いはじめたのだが、「なにかの能力が欠けてるんじゃないの？」と疑うほど日本語の覚えは遅かった。なかなか進級もできなかった。結局、初級コースも終えられずにタイに帰った。

月日が流れ、彼女は結婚し、娘もできた。しかしタイではありがちな話なのだが、夫が別の女性に走ってしまった。それから半年ほどして、彼女から急に電話がかかってきた。

「日本語を勉強し直したくて。バンコクでいい学校を知ってますか？　日本語がうまくなったら、日本の会社に勤めたい。娘を育てないといけないから」

これもタイではありがちな話だった。夫がいなくなり、子供を前に急に親の自覚が生まれるのだ。それまではいったいなんだったのかとも思うが、自覚はないよりあったほうがいい。バンコクの日本語学校を紹介した。するとすごい早さで日本語が上達していった。日本の来たとき、あれほどだめだめだった女性が、ここまで変わるか？と僕はときどき送ってくるテストの成績を見入っていた。タイ人というのは不思議な人たちである。紹介した学校では優等生で、すぐにN3の試験にパスしてしまった。

こうなると無碍にはできなくなってしまう。ラインを使った通信講座の先生のようになってしまう。質問はしだいに高度になってきている。ドライに割り切り、指導料をもらうとか、バンコクの学校に通ったほうが……というべきかとも思うのだが、彼女の事情もわかっているから、無給指導者になってきてしまっている。なにをしているんだろう、とラインを送りながら考え込んでしまう。

今日は巣鴨警察署に出向いた。知り合いのミャンマー人が、

「ダディンジュをしたいから、警察に道路使用許可をとってくれないか」

といってきたのだ。ダディンジュは雨季明けの祭りである。日本語に訳すと雨安居《うあんご》になる。ミャンマーではこの日、供物を寺にいる僧侶に捧げる。供物を手にした人々が列をつくって寺まで歩く。日本では小乗仏教ともいわれる上座部仏教では大切な祭りだ。

彼らは日本に暮らして長いから、役所や警察の許可をとるとき申請書の書き方が面倒なことを知っている。役所用語でまとめなくてはならない部分もある。日本人でも戸惑うことが多い。ダディンジュの儀式を日本語で説明するには、それを知っている日本人のほうがスムーズだ。巣鴨警察署に出向いてみると、

「神輿《みこし》みたいなものはないんですか。それと音。大きな音量になると苦情が出ることがあって」

警察署の担当が訊いてくる。ダディンジュの行列はいたって静かだ。

「パレードみたいなものですか」

そんな質問も受けた。たしかに日本人が応対したほうが話が早いことはわかる。それはわかるが、「今日は原稿の締め切りがあるんだけどなぁ」などと警察署のパイプ椅子に座りながら呟いてしまう。

僕の毎日は、アジア人に振りまわされてばかりだ。思い返してみれば、僕がバックパッカー旅に染まっていったアフリカやアジアを歩いた旅の後からその日々ははじまっていた気がする。

エチオピアからスーダンに出た僕は、エチオピア国境に向かうバスに乗った。めざしたのはカッサラという街だった。その周辺にはいくつもの難民キャンプがあった。エチオピア側からの難民だった。やがてこの一帯はエリトリアとして独立することになるが、それ以前、多くがスーダンに難民として逃れていた。

カッサラの街でひとりの青年から手紙を託された。日本に暮らす姉への手紙だった。それから半年以上かかって僕は帰国したが、青年が書いた住所を頼りに手紙を届けにいった。埼玉県の住所だったが、そこには姉はいなかった。いろいろ探し歩き、東京の練馬区にいた姉に手紙を渡した。

バックパッカーの旅は、現地の人々に助けられなければつづけることはできない。知らない街を歩いていくわけだから、ときに騙されもするが、その十倍以上、助けられもする。その恩返しというわけでもなかったが、託された手紙は必ず届けようと思っていた。バックパッカーは、その国の政治や経済の力になることはできないが、細いつながりの人間関係をもち帰るものだ。

バックパッカーは旅の日々のなかでさまざまなことを考える。そのひとつに、海外に暮らすという発想がある。旅というものは、それが長くなるほど、旅のなかに日常が芽生えてくる。アフリカからアジアを一年近く歩いたとき、僕はベージュ色のズボンを二本もっていた。途中でひとつのズボンの尻のあたりが破れ、僕は残った一本だけで旅をつづけた。

一本のズボンを二週間も穿いているとさすがに汚れる。そのときはパキスタンやインド、バングラデシュを歩いていたから、チャイやカレーの染み、土汚れが目立ってくる。だが、そのズボンを洗ってしまうと穿くものがなくなる。そこで思いついたのが、旅の休日だった。洗ったズボンが乾くまで安宿の部屋でうだうだすることにした。さすがに朝から夕方まで部屋にいると飽きてくる。腹も減る。生乾きのズボンを穿いて外に出たが。

旅の休日……。旅をはじめた頃、休日などなかった。毎日、歩きまわっていた。しかし旅の日々が重なってくると、好奇心のアンテナの感覚も鈍ってくる。旅というものは、働いている人にしたら休日に映るのだろうが、バックパッカーにしたら旅が日常である。

あれはインドのバラナシだっただろうか。僕はしつこい下痢に悩んでいた。インドという国や人に疲れてもいた。街に出る気力が薄れかけていた。とはいっても腹は減る。そこで安宿の向かいにある売店で食パンとバナナを買った。食パンにバナナを挟んで食べる。あとはチャイ。そんな日々を二日ほどすごした。下痢はなんとなく治っていく気配がし、少しだが気力も戻ってきた気がした。バックパッカーの旅には、こんな日々もある。

日本を出てからの一、二ヵ月、僕は店で食事をとっていた。豪華な名物料理を注文するほどの金はなかったが、食事は店……そう思っていた。しかし日本でも外食に疲れ、家の料理をするように、旅の日々にも部屋食が入り込んでくる。

さして街を歩くこともせず、食事は部屋。そんな日々に馴染んでいくバックパッカーもいた。それは沈没とでもいえる日々である。旅と暮らすことの境界線の上で立ち止まっているようなものだった。こうしてバックパッカーは海外で暮らす日々を体験していく。そんな毎日に決別し、夜行バスに乗っていくのがバックパッカーでもあったが。

長い旅を終え、僕は東京という街で働くようになるのだが、やがてバンコクに暮らすことを考えるようになる。さまざまな理由はあったが、タイ語を学ぶという名目を自分のなかでつくり、つてを頼ってタイ人の家に下宿させてもらうことになっていく。海外に暮らすことは、バックパッカー旅の延長でもあった。

そこで生まれた人間関係を肩に僕は日本に戻った。それからの東京での日々で、僕はタイ人に翻弄されることになっていく。

翳りは見えはじめていたとはいえ、日本はまだアジアの先頭を走る経済大国だった。高い給料に吸いつけられるように、バンコクで世話になった下宿の主人を筆頭に、タイ人が次々に日本にやってきてしまうのだ。観光目的でやってくる知人はほとんどいなかった。ほぼ全員が不法就労者として、関東近県の工場に散っていった。バンコクでの人間関係がそのまま日本に移ったようなものだった。

さまざまなことがあった。彼らは僕の電話番号を気軽に仲間に伝えた。彼らに悪気はなかったが、話に尾ひれがついて、「ここに連絡すればなんとかなる」といった感じで広まっていってしまった。僕はバンコクでタイ語を学んだ。満足ではないが、タイ語でのやりとりはできる。

夜、突然、交番から電話がかかってくる。警官は、

「若いアジア系の女性が現れて、この電話番号を出すので。なにしろ言葉が通じないので」

と戸惑った様子で伝えるのだった。電話を変わると、女性は、「助けてほしい」という。働かされている売春スナックから逃げ出してきたのだ。

当時、騙されて日本にやってきたタイ人女性が、根拠のない借金を背負わされて売春スナックで働かされるケースがよくあった。日本側で受け入れるのは、反社会的組織につながる日本人やタイ人だった。

電話での説明でことが解決するわけではない。翌朝、その女性と会い、出入国管理局に出頭させる。それでも終わらない。知人を通して彼女の両親に連絡をとり、航空券代を送ってもらう。それを出入国管理局に届けなくてはならない。両親と連絡をとってくれたタイ人の知人たちは皆、不法滞在だから出入国管理局に近づくことができないのだ。

こうしてひとりのタイ人女性はタイに帰っていくのだが、これはスムーズにいったほうだった。両親に連絡がとれなかったり、話はできても、航空券代などとても払えないという家もある。知り合いのタイ人から寄付のように金を集めたこともあった。

何回か出入国管理局で面会をしてると、その女性がこんなことを口にする。

「行田で働いていた知り合いが先月、病気で死んだんです。親も知らないと思う」

聞いてしまった以上、放っておくのも……と市役所に連絡をとると、病死した女性がひとりいた。パスポートもなく、連絡先もわからずに、市の予算で火葬し、遺骨は寺に預けてあると職員はくぐもった声でいうのだった。タイ人のネットワークで調べていくと、知人と連絡がとれ、パスポートがみつかり、身元もわかってきた。遺骨はどうする？　市の予算でタイまで送ることは難しいという。なにもしなければ、いつまでも無縁仏として放っておかれることになる。いろいろ問い合わせていくと、タイ大使館が荷物を定期的にタイに送るコンテナ便があり、その隅に入れてくれることになった。

夜、突然、病院から電話がかかってくることも少なくなかった。ある夜、茨城県の病院からの連絡を受けた。緊急搬送されたタイ人が僕の連絡先を伝えたという。身元保証人もいないので、病院に来てくれないか、という話だった。その声は落ち着いていたので、命にかかわるようなことではないようだった。翌日、病院に出向くと、医師から結石だったことを知らされた。そしてこう訊かれた。

「尿が緑色なんですけど、その理由、わかりますか?」

本人に訊くと、結石の痛みを散らすよう、タイから薬を送ってもらっていたようだった。サムン・プライと呼ばれるタイ式の漢方薬だった。そのタイ人は病気で治療を受け、痛みが消えているようで、穏やかな顔をしていた。不法滞在だったが、パスポートももっていた。

しかしトラブルは一週間後に起きた。病院から電話がかかってきた。タイ人が失踪してしまったのだ。病室で会ったとき、あえて口にはしなかったが、治療費や入院費を気にしていないはずはなかった。しっかり貯金をしているタイ人なのかわからなかった。

失踪はおそらくその問題だった。健康保険がないから、治療費や入院費は高額になる。正確な金額はわからなかっただろうが、ベッドのなかで、日に日に増える金額に怯えていたのだろう。夜、こっそりと病院を抜け出してしまった。

病院へ行くと、病室ではなく、事務局に通された。失踪タイ人の連絡先を訊かれた。入院時に記入してあった電話番号にかけても誰も出ないという。おそらく彼は知り合いの家に身を隠している気がした。

「すいません。彼の連絡先は知りません。つてを辿って探してみましょうか」

「お願いします。で、これが請求書なんですが」

印字された請求書に視線を落とす。百万円を超えていた。

「受けとってもらえないでしょうか」

「はッ?」

「当院としては、請求書を渡したことにしたいので」

「……」

「受けとっていただければ」

病院としては回収を諦めているようだった。しかし未収金として処理するには、誰かに請求書を渡すという体裁を整えなくてはいけないのかもしれない。しかしそう明言はできない。大学付属の大きな病院だった。確証があったわけではないが、とり立てはないような気がした。僕はその請求書を受けとった。

いまでもその請求書は机のなかに入っている。捨てるわけにもいかない宙に浮いた請求書である。

治療費の問題には、北関東の病院や医師はさまざまな反応を示した。極端にやせ細り、歩くこともできなくなったタイ人女性が緊急搬送で病院に担ぎ込まれたことがあった。その女性の知り合いからの連絡で病院に出向くと、医師は、「結核でした」といった。そういうことだった。結核は法定伝染病である。治療費や入院費はかからなかった。正確な病名はわからなかったが、医師はこの方法しかないと考えたのだろう。

この治療費や入院費の問題は、それから二、三年後、日本的なひとつの決着に辿り着く。これを決着といっていいのかわからないが。

外国人の不法滞在は、しだいに社会問題化していった。その数も正確にはわからなかったが、当時、三十万人を超える不法滞在の外国人がいるといわれていた。タイ人はかなりの割合を占めていたと思う。その状況のなかで、救済に乗り出す団体も出てくる。途中から僕もそういった団体と連絡をとるようになっていった。ある団体が教えてくれたのは、ひとつの公立病院だった。その病院は、これだけ深刻な問題なのだと政府に圧力をかけるために、未回収の治療費をあえて増やそうとしているという話だった。やってくる不法滞在の外国人から、治療費を受けとらない方向なのだという。治療費がかからないとは表向きいえないが、まず請求されないという話だった。正直なところ、僕はずいぶん助かった。いったい何人のタイ人にこの病院を紹介しただろうか。百人はくだらないと思う。

不法滞在のタイ人の状況もしだいに変わっていった。タイ人の人数は増え、彼らも日本暮らしに慣れていくなかで、茨城県の荒川沖駅周辺にリトルバンコクが生まれていくのだ。バンコクで世話になったタイ人たちは、最初の一、二年、関東一円の工場でまじめに働いていた。仕事が休みになる週末、リトルバンコクに遊びにいく程度だったが、そのうちにひとり、またひとりとリトルバンコクに移っていってしまう。

リトルバンコクには、不法滞在のタイ人たちがつくった仕事が次々に生まれていた。タイ料理の食材店、タイへの送金業者、タイ人向けの飲食店やクラブ、賭博場……。そして店や駅との移動に使うタクシーも三十台以上になっていた。ほぼ全員は不法滞在だから、店も許可をとるといった話ではない。タクシーはすべて白タクである。いやそれどころか、運転手たちは皆、日本の運転免許もなかった。だが皆、国際免許はもっていた。タイから送ってもらったといっていたから偽造なのだろう。検問を受けても、それを見せれば大丈夫だといっていた。警察は在留許可やパスポートのチェックはしなかった。車はただの乗用車である。運賃は交渉で決まった。リトルバンコクは、日本にいないことになっているタイ人がつくった違法の街だった。日本人向けの売春スナックもあったが、それを凌駕する勢いでタイ人が経営する店が増えていった。

そこで生まれる問題は、タイ人らしい男女間のトラブルが多くなる。リトルバンコクには周辺の売春スナックで働かされている若い女性が多かったからだ。

僕がバンコクで下宿をさせてもらった家の主人やその友人たちの大半は、街灯に集まる蛾のようにリトルバンコクの住人になっていた。そして若いタイ人女性と同棲をはじめていた。仕送りも途絶えがちになり、バンコクにいる奥さんが不審を抱くようになる。奥さんは下宿で僕の世話をしてくれたわけだから、頻繁にバンコクからかかってくる電話の返事に困った。夫が女性と暮らしているのでは……という探りを奥さんは入れてくる。僕は曖昧な返事しかできなかった。

そしてついに奥さんが乗り込んできてしまった。夫には絶対に内緒と口止めされたまま、成田空港で奥さんを出迎えた。荒川沖駅に着き、ここでタイ人の白タクを呼べば十分ほどで夫が暮らすアパートに着く。そのとき奥さんが僕にいった。

「あと三十分で着くって電話してくれる？」

「……三十分」

奥さんも一緒に暮らす若いタイ人女性と目を合わせたくなかったのかもしれない。激昂してなにをするかわからない自分が怖かったのか。

電話をかけると慌てた主人の声が返ってきた。

きっかり三十分後に着いたアパートは、妙にこざっぱりしていた。もちろん女性の姿も、一緒にいた痕跡もない。少なくとも僕の目にはそう映った。しかし奥さんはその部屋から女性のにおいをしっかりと感じとっていた気がする。奥さんにとって重要なことは、慌てて女性を知り合いのアパートに移し、急いで部屋を片づけさせることだった気がする。しかし僕は感心していた。

「三十分でここまでやるのか……」

いつものんびりと構え、動きもゆっくりとしたタイ人とは思えない早業だった。その夜、周辺にいたタイ人の知人も集まっての食事になった。彼らは口々に、不法滞在のつらさを口にした。タイ人の若い女性の話には一切触れない。

僕はひとり店を出て、「タイ人だよな」と呟いていた。

そんな日々のなかで、若いタイ人女性から電話がかかってきた。妊娠したようなので中絶をしたい、という話だった。荒川沖の駅前で待ち合わせた。女性はサングラスをかけた若いタイ人男性が運転する車に乗ってやってきた。この男との間での妊娠だと思った。女性は、

「アリガトウゴザイマス」

と片言の日本語で挨拶をし、頭をさげた。そしてハンドルを握る男になにやらいい、男の首に手を置き、親が子供に挨拶をさせるように頭をさげさせた。

産婦人科の駐車場に車を停めた。

「一緒に行こう」

と男に声をかけたが、男は座席から腰をあげようとはしなかった。

診察室で医師は超音波の映像を見ながらタイ人女性に語りかける。

「だいたい三ヵ月かな。ほら、ここは頭。もう体の形になっている」

医師は中絶を思いとどまってほしいといいたげに、超音波検査機が映しだすモニター画像をしつこいぐらいに説明した。

タイ人女性はわかっていたのかもしれない。不法滞在の身での出産は大変だった。妊娠がわかった女性は出入国管理局に出頭して帰国することになる。それも簡単にはいかなかったが。しかし出頭できるのは、借金が消えた女性に限られる。タイでウエイトレスのような仕事と騙され、日本にやってきた女性たちは、その場で三百万を超えるいわれのない借金を背負わされる。逃げることも難しい。その返済が終わっていなければ、妊娠したといっても中絶するしかなかった。

医師は女性の意思を確認すると、僕に書類を渡した。女性からパスポートを受けとって埋めていったが、そこに配偶者の欄があった。

「ここどうしましょうか」

と医師に伝えた。

「わからないの？」

「いえ、だいたいわかるんですが、本人が同意しないかと。不法滞在がばれるのが怖いですから」

荒川沖に近い病院は女性が嫌だったようで、少し離れた産婦人科医を訪ねた。しかしそのころは関東一円に多くのタイ人がいたから、医師は状況をすぐに理解したようだった。結局、僕が同意書に名前を書いた。女性はタイで結婚をしていたようだったが、その書類をとり寄せるのは大変なことだった。それに夫はタイにいるわけだから今回の妊娠とは無縁だった。僕は女性の夫ではなく、保護者のような立場になったと思うが、女性は僕が夫になってくれたと思ったようだった。

タイ人のトラブルは、まるで数珠つなぎのようにつづいていった。これがバックパッカーの発想でタイに暮らした結果だとしたら旅とはなんなのだろうか。もっとも当時は、次々に起こるトラブルに振りまわされているだけだったが。

そんな日々が流れるなかで、タイからやってくる不法滞在組は少しずつ減っていった。ビザの発給や入国審査を厳しくした結果という人もいるが、いちばんの要因は日本経済の衰退だった。以前ほど高い給料をもらえることもできず、働き先も少なくなっていった。タイ人たちが不法滞在をしてまで日本にやってくる目的は金だった。大きな枠組みでいえば出稼ぎだった。

あの時代から三十年近い年月が流れた。日本にやってくるタイ人の目的は百八十度変わった。日本の物価の安さや費用対効果のよさが目を惹き、働くためではなく観光目的で日本にやってくる人々が増えていくのだ。

日本に次々にやってくるタイ人のシニア層はこんな意識だった。

「あの豊かな日本に私たちが観光で行くことができるようになったんです。もう夢のよう。それだけ私たちが豊かになった証です」

タイの経済成長もあったが、それを上まわるスピードで日本は沈下していったのだ。急増するインバウンド観光客に対して、「おもてなし」という言葉が広まっていく。かつてタイ人に翻弄された僕は、軽い違和感を覚える。やってくる外国人は明るく、当時のタイ人たちのように追い詰められ、警察に駆け込んだり病院に搬送されることもまずない。受け入れる日本人も、日本の「おもてなし」に感謝する外国人を前に悪い気がしない。

しかし僕に降りかかった「おもてなし」はときに彼らの命にもかかわっていた。ぎりぎりで助かり、なんとかタイに帰った人も少なくない。なんだか僕は日陰のボランティアのような気になっていじけてしまう。それは、バックパッカーとして世界を歩いた代償なのだろうか。もうちょっと明るい「おもてなし」がしたかった。

いまでもかつての不法滞在経験者とつながっている。荒川沖でタイ人向け賭博場を開いて大儲けしたタイ人。ヤクザの手先になって人身売買に加担していった男やタイ人スナックのママたち。そんな手段で手にした金はやはりあぶく銭なのか、タイに帰って暮らしている彼らの多くは貧しい老人である。地方出身者が多いから、多くは田舎に帰って糊口をしのいでいる。しかし僕の誕生日には必ず電話をしてくれるタイ人も多い。互いに日本で、警察にみつからないように出入国管理局に出頭させたり、ヤクザから身を隠したりと危ない橋を渡ってきた仲である。通じるものはあるが、やはり皆、年をとった。

最近、僕はミャンマー人に振りまわされることが多くなった。その経緯はタイ人とは文脈が違う。

きっかけは第二章でお話ししたバングラデシュの学校だった。コックスバザールの街で学校運営を手伝ってくれている人の多くはラカイン人という仏教徒である。

かつてバングラデシュ南部からミャンマー西部にかけてアラカン王国という国があった。ラカイン人の国である。しかし、いまのヤンゴンを中心にしたエリアに暮らすビルマ族との戦争やイギリスの植民地化が進むなかで、王国は姿を消し、彼らは現在のミャンマーとバングラデシュにわかれて暮らしている。バングラデシュ南部からはじまったラカイン人と僕のつながりは、やがてミャンマーに暮らすラカイン人とのつきあいに発展していく。

舞台は日本だった。ミャンマーからやってきたラカイン人の多くは、難民として日本で暮らしはじめていた。彼らが国を出たとき、ミャンマーは軍事政権の時代だった。民主化運動に参加し、軍事政権から命を狙われて脱出した人も少なくなかった。軍事政権というものはミャンマーに限らず、政権にすり寄るか、距離を保つかで人生が変わってしまうものだ。軍事政権を嫌ったラカイン人の一部は海外での人生に活路を求める。何人かは船員になった。貨物船に乗り、日本の港に寄港したとき、船から逃亡する。日本に密入国するわけだ。そして日本国内で難民を申請した。就学生や留学生として来日し、その後、帰国を拒んで難民申請をした人も多い。

不法滞在での出稼ぎをもくろんだタイ人とは発想が違っていた。タイ人にとっての日本は金を稼ぐ国だった。途中で病気になったり、犯罪に巻き込まれたとしても、最終的には帰る国があった。しかしミャンマーから脱出した人の多くは、母国に帰ることができなかった。彼らは日本で生きる道を探そうとした。

しかし難民申請をした外国人が日本で在留資格を手にするのは簡単ではない。日本は難民制度には冷たい国だ。しかしミャンマーに強制送還させることもできない。その狭間で暮らすことになる。何回も出入国管理局に収容され、少しずつ、日本での足場を築いていった。

彼らの集まりがあり、その席に呼ばれたのは十年前ほど前のことだった。皆、日本暮らしが二十年を超えていた。相談の内容は、自分たちで会社をつくりたいということだった。ひとりがこんな話をした。彼は寿司屋のチェーンの店長だった。十人を超える日本人の店員を仕切っていた。

「店長になってもう五年になります。店もなんとかやっている。うちの店は都内に十店舗ほどあるんです。最近、わかってきたんです。これからどんなに頑張っても、店長から上にはあがれない。経営側には入れないいんです。それじゃつまらない」

もうひとりは日本の大学の大学院を卒業していた。

「ドクターが終わって、いろいろ大学での就職先を探ったけどだめでした。大学では農業経済学をやっていました。その関係でＩＴ系企業に就職したんですけど、いくら会社にいっても、事業の収益の部分にはかかわらせてもらえない。いくつもレポートを書いて、それは採用されるんですが、仕事はプログラムのバグを探すようなものばかり……」

耳に痛かった。日本の大学を卒業し、日本の企業に勤める外国人がよくいうことだった。日本の企業は外国人を何人も雇い、給与は日本人と同等に払ってくれる。いや、日本人より高いこともある。しかしそこが限界だった。会社の運営の世界になると、急にシャッターをおろしてしまう。

集まったミャンマー人は皆、優秀なのだろう。日本語もうまい。かつては難民として苦労してきた人も何人かいた。

そこで見せられたのは、日本語で書かれた事業計画書だった。どこで勉強をしたのか、取締役、監査役などの欄にもしっかりと、ミャンマー人の名前が書かれている。ひとりの出資額は百万円。出資者は二十人近かった。その資本をもとに、まず、寿司店を開く計画書だった。

バックパッカー旅をつづけ、本を書きつづけた僕は、こういった事業には詳しくなかった。というか苦手だった。一時、本がよく売れた時期があり、税金対策として小さな会社をつくっていた。税理士費用を節約しようと、できるだけ自分で経理書類をそろえるようにしているが、年末調整や決算が近づくと気分が落ち込んだ。もう、何年もやっているのだから、いい加減、そろえる書類を覚えてもいいと思うのだが、基本的な原理が頭に入っていないのか、前年に処理した方法をすっかり忘れてしまうタイプだった。何回も税理士事務所に足を運び、やっと書類をまとめるようなことを繰り返していた。

会社の経営には向かない性格だと自認していたから、彼らがつくった事業計画書を評価できるほどの能力はなかった。

後日、その計画書を会社を経営している知人にみてもらった。

「しっかりできてるよ。ちょっときれいにまとめすぎてる気はするけど」

と知人はいった。

物件探しがはじまった。飲食店の居抜き物件を専門で扱う不動産業者と連絡をとる。相談というか、面接のような打ち合わせがあり、いくつかの物件を紹介された。彼らは新宿や池袋といった一等地の物件を希望した。当然、家賃は高い。それほど広い店舗でなくても月額数十万円の家賃がかかる。

僕は不安だった。最初からそんなエリアに出店するのはリスキーではないかと伝えた。

「はじめは私鉄沿線の安い物件で店を開き、うまくいったら新宿や池袋に出店するっていう考え方もあるよ」

彼らは、「そういう考え方もあるね」と口にしたものの、ターミナル駅志向を変えることはなかった。

僕は飲食店の経営に携わっていたわけではないが、いい話はあまり耳にしなかった。客足が遠のき閉店する店の話は聞こえてくるが、チェーン店を除けば、支店を次々に開く話は少なかった。構造的な不況に慣らされていた。しかし彼らは強気だ。ようやく自分たちの店がもてるという勢いのなかにいた。

何軒かの店を下見した。連絡はメールのやりとりだ。手つづきでわからないことがあり、不動産会社に連絡をとった。担当者はこういった。

「外国人のお客様の仲介に立つのは今回がはじめてじゃありませんが、日本人のように日本語でメールのやりとりができる方はめったにいませんよ。彼らすごいですね」

しかし物件は簡単にみつからなかった。地下鉄の新宿御苑駅近くに手頃な物件があった。彼らはそこにしたいといった。契約へと進めようとしたとき、不動産会社に大家から連絡が入った。「外国人はちょっと……」と伝えてきた。言葉の問題を口にしたという。不動産会社の担当者は、日本人のようにやりとりができる、と伝えたが、大家は返事の言葉を濁したという。

彼らは面接を希望した。直接会えば、言葉への不安も氷解されるはずだ。不動産会社を通して伝えてもらうと、大家からはこんな言葉が返ってきた。

「そういうことは不動産会社に任せています」

どういうことなのか僕は首を捻った。不動産会社が大丈夫と判断しているのではないか。しかし彼らは意外に冷静だった。

「これまでも似たようなことあったんです。要するに大家は貸したくないんです」

彼らが日本社会に入ろうとするときの壁とはこういうことだった。ルールではないのだ。物件はなかなかみつからなかった。半年近くがかかった。ようやく浅草の物件の大家が首を縦に振ってくれた。

こうして浅草に『寿司令和』という店がオープンした。令和元年だった。そこからとった店名だった。

開店前、ミャンマーのラカイン人たちが集まり、店のお披露目宴会があった。酒が入った席で訊いてみた。どうして僕に声をかけたのか……と。会社を設立し、店をつくるならもっと適切な日本人がいるはずだった。彼らはそんな人とのつながりもあるはずだ。

するとひとりがこういった。

「下川さんは違うから」

「違う？」

「前に会ったとき、税理士をどうするかっていう話になったでしょ。そのとき、下川さんは、『勘がいい税理士とよくない税理士がいる。それはミャンマーも同じでしょ』っていった。そういうことをいう日本人ってあまりいないんです。だいたいミャンマーの税理士はいい加減で、日本の税理士はしっかりしているっていう。なかにはミャンマーには税理士がいるの？　なんていう人もいる」

とくに意識してその言葉を選んだわけではなかった。バックパッカーが歩く国は、一般的に途上国といわれる国が多い。物価が安いからだ。そこをひとりで歩くわけだから、当然、トラブルに巻き込まれる。それを救ってくれるのは現地の人たちだ。

バックパッカーはそのありがたさを骨の髄で味わっている。そして途上国といわれても、人が暮らす国である以上、トラブルへの対処に大差はないことを知っている。いい人もいれば、悪い奴もいる。頭の回転が早いタイプもいれば、ぼんやり型もいる。それは日本と大差はない。途上国のひどさを誇張して面白がる人もいるし、そんな本もある。しかしそれはある部分をピックアップしただけの話で、人が暮らす世界は大きな違いはない。

バックパッカーは弱者だから、歩く国の人々に身を預けないと旅はできない。旅をさせてもらっている感覚である。そんな旅人の目から見れば、先進国と途上国の差はあまりないのだ。その感覚が僕の脳には沁み込んでいるのかもしれなかった。

寿司店は開店した。はじめはなかなか収益が出なかったが、ミャンマー人が握る寿司店という話題と、地元の浅草の人たちがやってくるようになり軌道に乗った。

しかし店をつづけていくと、いろんなことがある。厨房の配管から水が漏れたことがあった。店は二階だったから、その水が一階の店舗に落ちてしまった。ビルのメンテナンス会社や大家、保険会社との交渉になった。はじめのうちは彼らが交渉にあたっていたのだが……。僕にその役割がまわってきたのは、保険の規約などの言葉が難しいということではなかった。

「問題は誰の責任かってことでしょ。日本人はそのあたりをうやむやにして、保険を使ってなんとか丸く収めようとする。でもそれじゃ納得できない。つい、頭に血がのぼっちゃうんです」

旅には理不尽なことがついてまわる。たとえば長距離バスに乗り、預けた荷物からカメラが消えるといったトラブルが起きる。責任は誰にあるのか。抗議はするが、結局は現地の流儀に従うことになってしまうことは多い。ことを荒だてても埒が明かないことが多いことを知っているのがバックパッカーでもある。

『寿司令和』を経営する彼らは、そのあたりはわかっているが、日本風のやり方を押しつけられると、つい感情的になってしまう。彼らは外国人なのだ。

外国人と日本人の間にいる日本人……。彼らは僕をそう見ているのかもしれなかった。日本に迎合することはないが、日本では外国人が弱い立場であることを知っている日本人。それがバックパッカー気質といえなくもない。僕が間に立ってくれれば、出てきた結論に従う。そんな関係がしだいにできていった。僕にしたら、うまく使われているような気がしないではないが、彼らにしたら、それが日本で生きるぎりぎりの処世術でもあった。

トラブルは常に抱えていたが、『寿司令和』はなんとか開店していた。しかしこの店は、自分たちの力ではどうすることもできない事態に巻き込まれていく。コロナ禍とミャンマーのクーデターだった。

コロナ禍は日本の店同様に給付金を受けてなんとか凌いだが、クーデターはどうすることもできなかった。

『寿司令和』を運営する中心メンバーは皆、以前の軍事政権時代にミャンマーを離れていた。しかしその後、ミャンマーは民政化に舵を切る。アウンサンスーチー氏が率いる新生ミャンマーは一気に活気づいていく。いびつな軍事政権時代は影をひそめ、普通の国にのぼりつめていく。

『寿司令和』のメンバーは四十歳代から五十歳代である。自由になったミャンマーに帰ることを考えていたメンバーもいたかもしれない。しかし民政化の時代は十年しかつづかなかった。二〇二一年、ミャンマーの国軍はクーデターを起こし、アウンサンスーチーらを拘束し、実権を握る。一気にかつての軍事政権時代に戻ってしまうのだ。『寿司令和』がオープンしてから二年半がすぎた頃だった。世界は、そして日本もミャンマーもまだ新型コロナウイルスの感染拡大にあえいでいた。

コロナ禍はやがて収束していったが、クーデターは、『寿司令和』に別の役割を与えはじめる。店を運営するメンバーの帰国の道筋はクーデターで細くなっていった。日本で暮らすミャンマー人や学生たちも同じ境遇に追い込まれていく。帰国が難しくなっていくのだ。『寿司令和』のメンバーは皆、ミャンマーのなかの少数民族のラカイン人である。この店は日本で唯一のラカイン人の店なのだ。しだいにこの店がラカイン人の拠り所になっていく。店に出向くと、いつも若いラカイン人たちが深刻な顔つきで集まっていた。日本での在留資格の問題があった。現地にいる両親や家族が置かれている状況も気がかりだ。店が休みの日には、外国人の在留資格に詳しい行政書士を呼び、相談の場が設けられた。

そのなかからラカイン人の寺をつくる話がもちあがってくる。彼らは小乗仏教ともいわれる上座部仏教を信仰していた。彼らにとっての寺は、婚姻の手つづきや生まれた子供の命名、儀式の中心的な役割を担う。彼らはしばしば寺に出向き、仏陀に手を合わせ心の均衡を保つ。クーデター後の混乱、軍事政権に反発する市民への弾圧……。彼らにとって寺への依存が強くなっていた。軍事政権がつづけば、ミャンマーを合法、非合法を問わず、脱出する人が増えてくる。そしてかつてのミャンマー人のように、日本に密入国する人も増える。当座の宿泊施設も必要だった。寺は彼らにとってのシェルターだった。

東京に寺をつくる……。その情報にミャンマー、そして世界に散らばるラカイン人から寄付が集まってくる。僕ははじめ、軍事政権に戻ってしまったミャンマーからの寄付という話に半信半疑だった。そんな余裕はないようにも映った。しかし寄付額が三千万円を超えたとき、宗教の力をまざまざと見せつけられることになる。

しかし寺となるとそれなりの広さが必要だ。都内の物件はやはり高い。そのなかで物件が絞られてきたが、寄付だけではとても足りず、銀行から借り入れることになった。その受け皿が『寿司令和』を開いたときにつくった会社だった。

借り入れの手つづき、そして財団の設立……。僕は奔走することになる。彼らが置かれた状況を考えると放っておけなかった。

タイ人からミャンマー人と民族は変わっても、無理難題を背負って歩きまわる日々に変わりはない。

寿司令和

第五章

安い航空券の先に待っていた悪魔のマイレージ。

飛行機が好きだ……などという書き出しではじめると、飛行機オタクのように思われるかもしれない。たしかに僕は飛行機によく乗るが、その機種とか、エンジンの位置といったような話にはまったく興味がない。だいたい乗った飛行機がボーイングかエアバスかといった記憶も薄い。僕が飛行機好きという理由は、もっとレベルが低い。トイレがあり、言葉が通じ、黙っていても食事が出てくるというだけで好きなのだ。その意味では、機内食は事前にネットで購入するLCCも鬱陶しく思う。もっとも食事が出る飛行機にしても、その料金は運賃に含まれているわけだから、購入したことになるのだが、事前に選ぶ必要がないだけ気が楽だ。

僕にとって機内の時間は天国のようだ。そこまでいうのは、いささかオーバーだが、そういう体質が植えつけられてしまう旅を長年つづけてきた。つまりはバックパッカーということなのだが。

それは空港が好きということにも通じる。あれはパキスタンのペシャワールにいたときだった。暑い時期だった。パキスタン北部からインド北部は、ときに熱波に襲われる。街は五十度近い空気に覆われる時期がある。そんなことも知らずにペシャワールにやってきた僕は、狡猾なパキスタン人と暑さに音をあげ、毎日、空港に入り浸っていた。航空券はもっていなかったが、外国人は空港に入ることができた。空港は弱いながらも冷房が効き、水洗トイレがあり、鬱陶しい客引きもいなかった。そして空港職員は言葉が通じた。空港ではなにもすることがなかったが、ターミナルビルに入ると緊張が緩んだ。そういう旅をしていると、自然と空港好きになるものだ。そんな話をすると、ある人から、「空港には近代があったんですね」といわれた。近代という表現には、若干の違和感はあったが、たしかにそうだった。

その伝を当てはめれば、飛行機の機内にも近代があった。

安宿を泊まり歩き、安い食堂を探し、怪しげな客引きを蹴散らすようにつづけるバックパッカーの旅が日常だったから、飛行機のなかは夢のような世界だったのだ。その感覚がいまも刷り込まれている。飛行機が好きだ……というのはそういう意味だ。

バックパッカー旅というものは、意識はしなくてもそれなりのストレスがある。飛行機の機内は、そこに座るために高額の航空券代を払っているのだが、その時間だけはストレスがなかった。いまでも一ヵ月近く飛行機に乗らないと、なにか飛行機禁断症状を覚えるときがある。それはバックパッカーの旅で植えつけられたものだった。

しかしいま、その飛行機に振りまわされている。

三十歳代の半ばから海外に出る機会が急に多くなった。『12万円で世界を歩く』が実質的なデビュー作になり、それが縁で『格安航空券ガイド』の編集を任されることになる。そのなかで、僕は個人的な連載も抱えていた。旅のベースはいつもバンコクだった。『格安航空券ガイド』は、海外の旅行会社から飛行機の運賃情報をもらい、それを誌面化していた。はじめの頃はワープロで運賃を打ち込んでいたが、しだいにパソコンが入りはじめる時期だった。オフィスには縦長のマッキントッシュのパソコンが、宝物のように鎮座していた。バンコクから情報をもらっていた旅行会社の一軒で、僕はしばしば航空券を買っていた。マユリーさんという中年女性が仕切る店だった。あるとき、店に出向くと、マユリーさんがこういった。

「アメリカ系の航空会社がマイレージプログラムをはじめたんです。飛行機に乗ると、その距離に応じてポイントが貯まり、それを使えば、無料航空券をもらえるシステムなんです」

「でも、一社に何回も乗らなくちゃいけないんでしょ」

「まあそうだけど。無料で入会できるから、手つづきしておきましょうか」

僕は軽い気持ちで同意し、ユナイテッド航空とノースウエスト航空のマイレージプログラムの会員になった。一九八〇年後半の話である。

マイレージプログラムは一九八一年にアメリカン航空がはじめたサービスだった。これによってアメリカン航空の利用者が増えたことから、アメリカの航空会社がこぞって参入したサービスだった。東京とバンコクの間にはユナイテッド航空とノースウエスト航空が直行便を運航させていた。以遠権《いえんけん》を使った運航だった。以遠権というのは、A国の航空会社がB国まで就航し、さらにC国まで運航できる権利だった。アメリカ、日本、タイの関係からいえば、アメリカのユナイテッド航空がアメリカ国内から成田国際空港まで飛び、さらにそこからタイのバンコクまで就航する権利だった。日本の航空会社を守るという観点からすればマイナス要因だったが、一方で空の自由という発想があり、そのせめぎあいのなかで、ユナイテッド航空とノースウエスト航空は成田国際空港とバンコクを結ぶ便を就航させていた。

直行便のなかではこの二社の運賃は安かった。僕も何回も乗っていた。それをマユリーさんは知っていたから、僕にマイレージプログラムへの入会をすすめたわけだ。

僕はこのサービスにそれほど期待はしていなかった。当時、日本ではグリーンスタンプを貯める人が多かった。買い物をするとその額に応じたシールがもらえる。それをこつこつと台紙に貼っていき、一定の数を超えると、さまざまなものがもらえるというものだった。僕も貯めていた記憶があるが、めぼしい品物を手に入れるためにはかなりの枚数を貯めなくてはならない。マイレージプログラムもその程度のものだと思っていた。

ユナイテッド航空とノースウエスト航空はほぼ同じ時刻に就航していた。アメリカ方面への乗り継ぎを考えて、バンコク発は朝の七時台だった。ということはチェックインは朝の五時。宿を出るのは午前三時台というつらい時間帯だった。

運賃もほぼ同じだった。そこでユナイテッド航空にするか、ノースウエスト航空にするかは、もう好みの領域だった。そのときの空席状況で適当にどちらかにしていた気がする。もっとも僕は千円でも安ければ、その飛行機会社になびくタイプである。お話ししたように、航空会社のサービスにはあまり関心がない。飛行機の座席に腰をおろせば、体に刷り込まれた夢のような世界に浸ることができた。だから乗り継ぎ便も厭わなかった。マニラ経由や台北経由など安い飛行機を探しては予約を入れていた。ユナイテッド航空やノースウエスト航空のマイルを貯めるために会員カードをチェックインカウンターで出してはいたが、無料航空券を手に入れるほど貯まりはしなかった。

いまにして思えばこの頃は平和だった。マイルを貯めることにあまり気にも留めない十年だった。

マイルへの関心を刺激したのは、アライアンスの誕生だった。アライアンスは連合とも訳される。航空会社が連合を組み、共通の特典をつけていくものだった。一九九七年にスターアライアンスが生まれた。構成する航空会社は、ユナイテッド航空、エア・カナダ、ルフトハンザ航空、スカンジナビア航空、タイ国際航空の五社だった。その後、ヴァリグ・ブラジル航空、全日空なども加わっていく。

マイルを貯めるということでいえば、アライアンスに加盟するどの航空会社に乗っても、ユナイテッド航空のマイルに加算することができるようになった。それまではユナイテッド航空そのものに乗ることでしか貯まらないマイルが、ほかの航空会社に乗っても貯まることになる。

「これは貯まるかもしれない」

そう思ったのは、スターアライアンスの創設航空会社に、タイ国際航空が加わっていたからだ。僕の海外旅行の起点はタイだった。日本との往復に使っていた航空券もタイで買っていた。日本より条件面を加味すれば安かったからだ。

あの頃、僕は年に二、三回、バングラデシュを往復していた。第二章でお話ししたバングラデシュ南部のコックスバザールの小学校の運営のためだった。そのときもタイ国際航空を使うことがあった。タイ国際航空の運賃は高かったから、できれば避けたかったのだが、乗らざるを得ないことがときどきあった。

バンコクとダッカの間には、タイ国際航空とバングラデシュのビーマン・バングラデシュ航空が就航していた。ＬＣＣはまだ産声をあげていなかった。この二社の料金差はあまりなかった。ビーマン・バングラデシュ航空のほうが若干は安かったが。

しかしビーマン・バングラデシュ航空は、まっとうに飛ぶことはまずなかった。二、三時間の遅延はあたり前で、ときに半日近くも遅れた。あるときは、チェックインをすませ、搭乗口で待っているときに、フライトは翌日になるといわれたこともあった。全員でぞろぞろとイミグレーションに並び、タイに再入国し、翌日まで待たなければならなかった。バンコクからダッカまでは直行便だったが、機内で突然、シンガポール経由になると伝えられたこともあった。シンガポールの空港でのトランジット時間は十時間もあった。

そんな状況だから、タイ国際航空にどうしてもなびいてしまった。スターアライアンスが発足し、その分のマイルが、ユナイテッド航空のマイレージプログラムに加えられることになった。

僕はダッカ行のタイ国際航空のチェックインカウンターで、ユナイテッド航空のマイレージプログラムのカードを出すようになった。スタッフは少し戸惑った様子だったが、電話でいろいろ確認し、マイルはユナイテッド航空のマイレージプログラムに加算された。

しかしダッカからバンコクに戻るときは難航した。マイレージプログラムのカードを出すと、チェックインカウンターのスタッフは怪訝そうな顔つきでこういった。

「ユナイテッド航空はバングラデシュには飛んでいませんが」

「わかってます。でもスターアライアンスができて、それにタイ国際航空が加盟していますから」

「スターアライアンス？　なんですか、それは」

「いや、マイルが貯まるんです」

「ユナイテッド・エアウェイズじゃないんですか？」

「それはバングラデシュの国内線に就航している会社でしょ。その会社ではなく、ユナイテッド航空のマイレージプログラム」

バングラデシュにはユナイテッド・エアウェイズという会社があった。三機ほどのプロペラ機を保有しているという話だった。ユナイテッド航空はユナイテッド・エアラインという。バングラデシュの小さな航空会社が話をややこしくしていた。しかし話はそれ以前だった。チェックインカウンターのスタッフは、マイレージプログラムというものを知らなかった。話は宙を舞い、マイルが加算されないままバンコクに戻った。バンコクでタイ国際航空に連絡をとったが話は要領を得ず、結局、日本に帰り、ユナイテッド航空に事情を伝えるしかなかった。

そんな状況ではじまったスターアライアンスである。しかし着実にマイルは増えていった。それから三年後、「歩くバンコク」が発行された。売れ行きはよく、「歩く台北」「歩く香港」「歩くソウル」「歩くシンガポール」と発行点数は増えていく。飛行機に乗る機会は急に多くなった。

それがいつ頃だったか、正確な記憶はないが、二〇〇三年頃、ついに無料航空券をもらえるまでマイルが貯まった。そしてそれをユナイテッド航空のバンコク路線に引き換えた。

「これは得だ……」

ユナイテッド航空の機内でひとり呟いていた。

それから十年——。僕はマイレージプログラムを謳歌していたのかもしれない。月に一、二回は海外に出向くような日々だった。無料航空券は二年に一回ぐらいは手に入れていたと思う。

ＬＣＣが急速に空路を広げていく時期でもあった。ＬＣＣにもよく乗ったが、スターアライアンスの航空会社にもよく乗った。僕のフライトの記録は、ＬＣＣかスターアライアンスという二色に染めあげられていった。バックパッカーとして、夢のような乗り物として飛行機が刷り込まれていたから、機内食を機内で買うＬＣＣより、食事が出るスターアライアンスに傾きがちだ。しかしＬＣＣに比べると運賃は高い。その時期は本も年に数冊が出版される状態だったから、経済的にも余裕があった。

しかしその間に、僕はマイレージプログラムというものにすっかりからめとられていってしまった。その後、マイレージプログラムは悪魔のようなシステムに変質していくのだが、そのとき、すでにマイレージプログラムから離れられない体になっていた。

ユナイテッド航空のマイレージプログラムの変容のはじまりは二〇一四年だった。

ユナイテッド航空の東京とバンコクを結ぶ便は廃止されてしまったのだ。そこには日本経済の衰退が暗い影を落としていた。

ユナイテッド航空は、成田国際空港をアジアのハブ空港のように使っていた。アメリカ本土の各都市を出発した飛行機は成田国際空港に飛来する。そこからバンコク、香港、シンガポール、北京、上海、ソウルといったアジアの都市に向かう飛行機に接続させる。すべて以遠権を利用したフライトだった。この構造がつくられていったのは、日本の経済力があったからだ。アメリカと日本を結ぶ飛行機にはビジネス需要があった。アジアの人々や日本人も頻繁に日本とアジアを結ぶフライトを利用した。

しかし日本経済は、バブル経済の終焉からつづく平成不況のなかで勢いを失っていく。日本の需要が減っていくのだ。それに反比例するかのようにアジアの国々が経済力をつけていく。そのなかで、飛行機が日本に寄る必要性が薄れ、アジアの都市と直接、アメリカを結ぶフライトのほうが収益があがるのではないか……という発想が生まれてくる。飛行機の燃費がよくなり、アジアの都市とアメリカ大陸の間を給油なしで飛ぶことができるようになったことも、「日本飛ばし」のルート変更を容易にさせた。アメリカ―日本―東南アジアという路線がなくなり、香港、シンガポール、北京、上海といった都市とアメリカの諸都市が直行便で結ばれるようになっていく。そのあおりを受けて、成田―バンコク路線が廃止されていってしまうのだ。

成田国際空港とアジアの諸都市を結ぶユナイテッド航空のフライトは次々に姿を消していった。最後に残ったのは、成田国際空港とシンガポール、そしてソウルを結ぶ二路線だけになった。そしてシンガポール路線も廃止されることになった。最後のフライトは、二〇一六年の六月だった。

もうアジアに向かうときにユナイテッド航空に乗ることもない……僕はその最終便にシンガポールから乗った。僕のアジア旅を支えてくれたのがユナイテッド航空だった。安い運賃でアジアの諸都市を結んでくれた。その時代が終わっていく。僕は時代の変化を確認したかったのかもしれない。

機内食でよく食べたのはミートソース味のグラタンだった。それにパンとサラダ。

いつもワインの小瓶を頼んだ。アジアに向かうときの味だった。

そこでユナイテッド航空と決別すればよかったのだ。しかしスターアライアンスに加盟する航空会社に乗れば、それまでと同じようにユナイテッド航空にマイルが貯まっていく。別の航空会社やアライアンスに移るのも面倒だった。それがユナイテッド航空の策略だったのだろうか。

そのとき、僕はユナイテッド航空のプレミアゴールドというステイタスだった。ユナイテッド航空は、プレミアシルバー、プレミアゴールド、プレミアプラチナ、プレミア1Kという四段階のステイタスにわかれていた。搭乗マイルが多くなるほどステイタスがあがり、さまざまなサービスを受けられる仕組みになっていた。

僕ははじめ、このステイタスというものにほとんど関心がなかった。なにも考えずにいても食事が出てくるといったことで満足してしまうタイプだから、それ以上は望まなかった。二年に一回ぐらい無料航空券を手に入れることができるのはうれしかったが、それは金銭的な理由で、サービスとは無縁だった。

飛行機によく乗った時期だった。あるとき、プレミアシルバーの資格を得たという通知とともにカードが送られてきた。

プレミアシルバーのステイタスを得て受けられるサービスを見てみた。預ける荷物の重さの限度があがったり、前の座席との間隔が広い席を選べるといったもので、「こんなものか」と思った印象がある。僕の旅はバックパッカースタイルだから荷物は多くない。ＬＣＣのように座席の間隔が極端に狭いと疲れるが、ユナイテッド航空は通常のエコノミー席でもそこそこの間隔があり、なんの不満もなかった。獲得するマイルも増えることはうれしかったが、それがどれほどなのか説明ではよくわからなかった。

ところがその翌年、プレミアゴールドのステイタスになったという手紙が届き、そのなかには金色のカードが入っていた。たしかにその前年、僕はよく飛行機に乗った。アメリカにも出かけていた。再び、受けられるサービスをチェックしてみた。その内容を確認しながら、「おやッ」と思った。プレミアシルバーとは受けるサービスの世界が違っていた。

ユナイテッド航空の成田国際空港とバンコクを結ぶフライトはすでに廃止されていた。乗るのはスターアライアンスに加盟している航空会社だったから、そこで受けられるサービスを見てみた。プレミアシルバーでは受けられないサービスが並んでいた。チェックインが優先されると記されていた。調べると、ビジネスクラスのカウンターでチェックインができるようだった。エコノミークラスのチケットをもっていても、ビジネスクラスのカウンターが使えるという。なんだか恥ずかしかったが、ユナイテッド航空が決めたサービスである。

これまでエコノミークラスのチェックインカウンターの前にできた長い列に並んでいた。混みあっているときは、三十分以上の順番待ちだった。隣のビジネスクラスのチェックインカウンターはいつもすいていた。そこで手つづきができる……これは楽そうだった。

預けた荷物の優先サービスというものもあった。目的地の空港に着くと、預けた荷物がターンテーブルに載せられて出てくる。早い順番で荷物が出てくるという。

「そこまでしてくれなくても……」

とは思ったが、ユナイテッド航空というかスターアライアンスが設定したサービスだった。サービスの多くに「優先」の文字がついていた。英語でいうとプライオリティである。「優先されるお客様」ということになる。

こうして乗客の優越感をくすぐるということなのだろう。その発想は居心地が悪かった。バックパッカーという、旅行者でいえば底辺を這うような旅をつづけていた。しかし飛行機に乗ったときだけ、優先されるお客様になってしまうのだ。

「こんなことをしていいんだろうか」

背後から肩を叩かれたら体が硬直してしまうような緊張に包まれながら、ビジネスクラスのチェックインカウンターに向かう。そこには列もなく、すっとカウンターの前に辿り着いてしまう。エコノミークラスのカウンターにできた長い列を正視できずに、パスポートや予約確認書、金色のマイレージプログラムのカードを差しだす。

買った航空券は、安いキャンペーン料金のエコノミークラスである。すると、チェックインカウンターのスタッフの女性から、

「いつもご利用ありがとうございます」

と頭をさげられた。またしても体を硬くしてしまった。心臓によくない。

チェックインカウンターでこんなことをいわれたのははじめてだった。裾のあたりには土くれの着いた汚れたズボンを穿き、汗が滲んだTシャツにザックを背負ってチェックインカウンターに並ぶことが多い身である。ビジネスクラスのチェックインカウンターは、僕には場違いなスポットなのだが、スタッフは頭をさげてくれる。手つづきはスムーズに進んでいった。荷物のタグには、プライオリティと英語が書かれた赤いタグが挟み込まれる。荷物も優先になるわけだ。

預けた荷物は到着空港のターンテーブルに出てくる。このときはバンコクの空港だった。どういう星の許に生まれたのかはわからないが、僕は年に一、二回、ロストバゲージに遭っていた。預けた荷物が出てこないのだ。厳密にいうとディレイドバ

ゲージで、翌日の便などで届くのだが、その間は着替えもない。それがトラウマになっていて、荷物が出てくるターンテーブルを眺める視線はいつも不安に包まれる。しかしそのときは、最初に出てきた荷物から数個遅れて僕の荷物が出てきた。赤いプライオリティのタグがしっかりついている。高そうなスーツケースやゴルフバッグに前後を挟まれた僕のザックは貧相だった。ジッパーが壊れている部分があり、ときどきチェックインのとき、大きなビニール袋に入れられることもある代物だった。僕も優先に似合わなかったが、荷物も浮いていた。

空港のラウンジにはじめて入ったのもこのときだった。プレミアゴールドは、プレミアシルバーと違って、ラウンジを使うことができる。はじめて入ったのは、成田国際空港にあるユナイテッド航空のラウンジだった。ここでは飲み物、食べ物がすべてただだった。そこまでは事前に調べていたが、たぶん、コーヒーやジュース、簡単な軽食が置いてある程度だと思っていた。

しかし飲み物コーナーには、ビールはもちろん、ワイン、ウイスキー、日本酒などがずらりと並んでいた。

「これがただ……」

飲み放題コースの居酒屋を思い出した。その横には、肉類やパスタ、寿司、スープ、サラダなどがつづく。ここはホテルのビュッフェだった。

空港が好きだから、空港のなかは隈なく探索するタイプだ。第六章でも触れるが、僕は空港で寝ることもときどきある。心地よく眠ることができる場所探しはお手のものだ。しかく空港のなかに、ラウンジという飲み放題、食べ放題のエリアがあることは知らなかった。ビジネスクラスやファーストクラスを使う人は、こういう場所で飲み食いしていたのだ。以前、ある作家が、「飛行機の機内食はまずいので食べない」となにかのエッセイで書いていた文章を読んだことがある。僕はエコノミーの機内食になんの不満ももたないタイプだから、そういう人とは友達になりたくない……と思ったものだが、その作家はラウンジで食事をとっていたのかもしれない。

こういった優越感をくすぐるような世界には反発してしまうが、根がせこいから、皿にはローストビーフやパスタをこぼれ落ちそうになるほど盛り、めったに飲めないエビスビールの栓を切る。「プレミアゴールドのステイタスに達するまでに使った航空券代の元をとらなきゃ」などと自分をいいくるめていたが、もっと素直になれば、ラウンジは贅沢な空間で、やはり心地いい。

しかしプレミアゴールドというステイタスのメリットを実感したのは、ユナイテッド航空のホームページに明記されているサービスより、ユナイテッド航空が加盟するスターアライアンスの運用面でのサービスだった。

バンコクからソウル経由で日本に戻るときだった。僕はスターアライアンスに加盟している韓国のアシアナ航空の航空券を買っていた。安かったからだ。

バンコクの空港に向かった。アシアナ航空のビジネスクラスのチェックインカウンターでパスポートや航空券を出すとこういわれた。

「ソウルに向かうアシアナ航空は三十分ほど遅れます。同じ時間帯にタイ国際航空のソウル行きがあるので、そちらに振り替えますね。タイ国際航空は定刻の出発ですから」

「は、はあ……」

タイ国際航空もスターアライアンスに加盟していた。加盟航空会社の間での振り替えサービスをプレミアゴールドの乗客に提供していたのだ。この種のアライアンス内の運用サービスを僕は知らなかった。

三十分遅れると困るような超多忙なビジネスマンの時間感覚で飛行機に乗っているわけではなかった。ソウルに着けば、温泉マークを掲げた一泊二千円ほどの安宿に泊まるバックパッカー旅が待っているだけだった。そんな旅行者にも振り替えサービスを提供してくれた。

モスクワから日本に帰るときもそうだった。使ったのはスターアライアンスに加盟しているトルコ航空だった。モスクワ—イスタンブール—東京というルートだった。しかしモスクワを出発する便が数時間遅れ、イスタンブールに到着したときは東京行きの便が出発した後だった。通常ならイスタンブールのトランジットホテルに一泊か二泊して、空席のある便で東京に戻るパターンだった。

空港内の乗り継ぎカウンターに出向いた。搭乗券を出すと、スタッフはキーボードをカタカタと打ちはじめた。

「いちばん早いのはルフトハンザ航空ですね。フランクフルト経由になりますが。ただ五時間後の便です。それでよろしいですか」

「はッ?」

一瞬、いっている意味がわからなかった。ルフトハンザ航空に振り替えてほしいなどとはいっていない。

「あの……、それって無料で振り替えてもらえるんですか?」

「はい。プレミアゴールドですから」

急いで帰る必要はなかった。イスタンブールでの一泊は覚悟していた。これまでも途上国の飛行機によく乗ってきたから、遅延や欠航には慣れていた。便数が少ない航空会社を利用すると、次の便は二日後などということは珍しくない。こういう場合、航空会社が空港に近いトランジットホテルを用意してくれる。宿泊代や送迎は無料。食事もつく。これまで泊まったことがないような高級ホテルが用意されることもあり、僕のような旅行者は、「ラッキー」と心のなかで呟くことも多かった。

こういう場合、パスポートは航空会社が預かることもあった。しかしトルコの場合、日本人はビザなしで入国できるから、管理はゆるかった。入国したことにはなっていないから、本来はトランジットホテルから出ることはできないが、それを厳しく管理する国は少なかった。つまり搭乗便までの時間に、市内を歩きまわることぐらいはできてしまう。僕のような旅行者はそれを幸運なことと考えてしまう。しかし一般には、到着が大幅に遅れてしまうから、できるだけ早く乗ることができる便に振り替えてくれることはサービスになる。僕にとっては大きなお世話なのだが。

しかしプレミアゴールドのステイタスをもつということは、飛行機を利用するうえで、なにか別のレベルになるように映るのだった。

利用できるようになったラウンジにはシャワー室も用意されていることが多かった。

あれはアメリカで長距離列車の旅に出たときだった。シカゴから南部のサンアントニオを経由してロサンゼルスに向かうテキサスイーグルという列車に乗った。約六十六時間。列車はイリノイ州の草原を南下し、メキシコ国境に沿って西に進み、乾燥地帯を走り、早朝のロサンゼルスに着いた。変化に富んだルートだったが、僕が確保したのは安い椅子席だった。このクラスになるとシャワーはない。二泊三日を着の身着のままですごした。空港のラウンジにあるシャワーは本来、長い飛行機旅の人のためだろうが、飛行機は長くても十時間ほど。乗り継ぎを考えても十数時間だろう。しかし僕は六十六時間……なのである。

シャワー室は予約制で、前の人が使った後はきれいに掃除され、高級ホテルのようなタオルが用意されていた。シャワーヘッドから出る湯は熱く、水圧も高い。安宿のちょろちょろシャワーとは世界が違った。ここでも場違いな客なのかもしれなかったが。

スターアライアンスの運用でのサービスでいえば、突然、ビジネスクラスにアップグレードされることがあった。スターアライアンスを構成する航空会社のなかには、プレミアゴールドのステイタスをもった乗客が自分の航空会社に何回乗ったら一回はビジネスクラスに格あげするという内規があったような気がする。もっともそのためには、ビジネスクラスに空席がないといけないのだが。

搭乗口で待っていると、突然、名前を呼ばれる。なにごとかとカウンターに出向くと、「ビジネスクラスにアップグレードされました」と新しい搭乗券をもらうのだ。

アメリカで六十六時間列車に揺られ、ロサンゼルスから帰るときがそうだった。便はソウル経由のアシアナ航空だった。シャワーを浴び、さっぱりとした面もちで搭乗を待っていると名前が呼ばれた。そこで受けとったのは、ビジネスクラスの搭乗券だった。ロサンゼルスからソウルまでは十一時間ほどのフライトだ。いつもできるだけ安いエコノミー席に乗っていた。

しかし丸三日、アメリカの列車、アムトラックの椅子席に座り続けてきた。周囲を埋めていたのは、病的にまで太ってしまった黒人が多かった。

「バスが安いけど、席に尻が入らない。次に安いのは飛行機のＬＣＣだけど、やっぱり席に体が入らない。ビジネスクラスなら大丈夫だけど、そんな金はないさ。ただアムトラックの椅子席は広い。これなら尻が入る。ハッハッハッ」

隣に座る黒人のおじさんは大判のピザを頬張りながら笑う。尻はかろうじて椅子に入るが、それはきつきつで、座ったら最後、身動きはできない。

アメリカの列車は肥満体のアメリカ人に支えられている。僕の性格からすれば、こういった世界がしっくりくる。

しかし椅子に座る姿勢だから眠りは浅い。深夜、軽食コーナーに行って寝ようとした。狭いスペースだが腰をのばすことができた。すると車掌が姿を表し、きつい言葉で怒られた。

「自分の席に行って寝ろ」

アムトラックは貧しい肥満体系の黒人が多いから、車掌の態度も刺々しい。優しい言葉を投げかけてはくれない。

そんな席に六十時間以上揺られ、駅から安いバスに乗ってロサンゼルスの空港に着くと、ラウンジとビジネスクラス……。いまのビジネスクラスは、座席がほぼ水平になる。客室乗務員の対応は、こちらが恐縮してしまうほど丁寧だ。列車と飛行機の落差が埋まらず、戸惑っているうちに、ことッと寝てしまった。客室乗務員はよく寝る客だと思ったかもしれない。事情を話すのもはばかられ、僕は太平洋の上でこんこんと眠りつづけていた。

プレミアゴールドのアップグレードのおかげで、何社かのビジネスクラスを体験した。このアシアナ航空、エア・カナダ、ユナイテッド航空、全日空、エバー航空……。いつもどぎまぎしている。

しかしその後、プレミアゴールドへのサービスは、潮が引くように消えはじめていくことになる。

それはユナイテッド航空の唐突な発表だった。二〇一九年のことだ。プレミアゴールドのステイタスを得るハードルが万里の長城のように高くなってしまったのだ。

ここからの話を伝えるには、ＰＱＭとかＰＱＦといったユナイテッド航空独自のマイレージプログラム換算法の話になってしまう。日本人でユナイテッド航空にマイルを貯めている人は少数派だと思う。僕はたまたまバンコク路線に就航していたユナイテッド航空によく乗ったからだが、日本人でマイルを貯めている人は日本航空派や全日空派が多いと思う。そんな状況だから、ユナイテッド航空のマイレージプログラムの詳細をを伝えたところで意味がない。できるだけ一般論として伝えようと思うが、これがなかなか難しいのだ。

僕にしても二〇一九年まで、マイルの貯め方に詳しかったわけではない。飛行機に乗れば貯まっていった。ところ二〇一九年からは、ただ単に乗ってもなかなかマイルが貯まらない仕組みになってしまった。

二〇一九年まで、プレミアゴールドのステイタスを得るためには、ざっくりというとスターアライアンスの飛行機に年間五万マイル以上乗ればよかった。五万マイルというのはどのくらいかというと、東京とバンコクを往復して五千七百マイルほどである。この路線だけで貯めようとすると年に九往復もしなくてはならなくなる。僕の場合は、年に一、二回はアメリカやヨーロッパを訪ねていた。そこまでのフライトになると、バンコク往復の倍以上のマイルが貯まった。当時の僕は「歩くシリーズ」の発行があったからかなりの頻度で飛行機に乗った。五万マイルというのはそれほど大変ではなかったのだ。

当時のマイルの貯め方は単純で、運賃とは関係なく、ただ飛行機に乗ればよかった。だから僕はできるだけ安い航空券を手に入れて飛行機に乗った。バックパッカーであり、『格安航空券ガイド』の編集もしていたわけだから、安い航空券探しは安い食堂を探すより長けていた。金銭的な負担もそれほど大きくなく、プレミアゴールドのステイタスを得ることができた。

しかし二〇一九年の変更は、それなりの金額の航空券を買わないとステイタスを得られないシステムに変わった。マイレージプログラムの負担がユナイテッド航空の収益を圧迫しはじめていたのかもしれない。ステイタスを得るのはそれなりの金額を払った人に限っていくということは、僕のような安い航空券を買ってマイルを貯めるタイプをふるい落とそうとすることになる。そういわれると返す言葉もない航空券の買い方をしていたが、僕にしたら、プレミアゴールドで甘い汁をたっぷりと飲ませ、それを忘れられない体にしておいてあっさりと捨てるという悪魔のような航空会社にも映った。まあ、そう思ってしまうのは、利用者の勝手だということはわかる。マイレージプログラムの主導権は航空会社が握っていて、その方針に従わなくてはならないことは最初からわかっていた。

この頃、各航空会社マイレージプログラムの変更は相次いでいる。このプログラムは限界に達していたのかもしれなかった。マイラーと呼ばれるマイレージを貯めることに熱をあげる人たちの間では、どの航空会社が得なのか激論が交わされるようになった。

僕も決断を迫られた。いっそ、マイレージプログラムから離れるか、頑張ってつづけるか……。その前に変更点を理解しなくてはいけなくなった。そしてわかってくるのは、よくこれだけ世知辛いシステムをつくりあげたものだ……ということだった。アメリカ人とは思えないケチ臭さだった。

航空券にはサブクラスというものが設定されていた。飛行機の席はエコノミー、ビジネス、ファーストクラスにわかれている。しかし同じエコノミーでも、通常のエコノミーとプレミアエコノミーにわかれ、通常のエコノミーでも、全日空のエコノミークラスをユナイテッド航空のサイトから見ると、そのなかが十六ものランクにわかれている。これがサブクラスである。このサブクラスは飛行機に乗ったときに貯まるマイル数を左右する。たとえばエコノミーのサブクラスQは七十五パーセント貯まるが、Tは五十パーセントしか貯まらない——といった具合だ。そしてマイルが貯まる割合は運賃に反映される。エコノミーのQはTより高い。つまり以前は、サブクラスが低くても飛行機に乗ればマイルはほぼ均一に貯まったが、二〇一九年以降は、安い運賃の航空券を買うとなかなかマイルが貯まらないという状況に押し込まれてしまったのだ。全日空に乗ってユナイテッド航空のマイレージプログラムに貯める場合、搭乗マイルの二十パーセントがＰＱＰという換算単位になり、このＰＱＰが決められた数を超えるとプレミアゴールドのステータスをもらえることになった。

実に面倒になったのだ。読者は辟易とした気分でこの文章を読んでいるのかもしれない。僕にしてもこんな計算は避けたいのだが、メモにぎっしりと計算式を書かないと、プレミアゴールドの資格を得れるのかがわからないから、老眼鏡をかけて挑むしかないのだ。

ユナイテッド航空の場合、ほかにもいくつかの足枷があった。ユナイテッド航空そのものに四区間以上は乗らなくてはいけなかった。長い距離を乗ったときの上限も設けられていた。こちらが探す抜け道をみごとなほどに封じている。いろいろ試算をしてみると、航空券にかかる費用は以前よりかなり高くなりそうだった。それがユナイテッド航空の狙いである。同じスターアライアンスの全日空に変えようかとも思った。

調べると、ユナイテッド航空より、厳しい面と緩い部分があり判断がつきにくい。いよいよ悩んでしまう。マイレージプログラムそのものから脱落するが、ステイタスを維持するか……。

ところがそんな悩みを吹き消す状況に世界は包まれることになる。新型コロナウイルスの感染拡大だった。海外旅行が封印され、飛行機に乗るどころではなくなっていくのだ。ユナイテッド航空も最初は特別ボーナスを加算したりして凌ごうとしたが、新型コロナウイルの嵐は収まる気配をみせなかった。結局、飛行機に乗らなくてもプレミアゴールドのステイタスは丸二年間維持された。飛行機の運航が止まっているのだから、その資格をもっていてもなんの意味もなかったが。

しかしパンデミックはやがてその勢いを失っていく。飛行機の運航は少しずつ戻ってきたが、仕事ははじまらなかった。観光客が戻ってこなければ、「歩くバンコク」などの旅ガイドの再開は難しい。旅の本も書きにくい。コロナ禍からの回復は時差があった。

二〇二二年、僕はなんとかステイタスを維持した。ユナイテッド航空もボーナスマイルを加算してくれたが、妻の冷たい視線を背中に受けながら、意味もないのに東京とサイパンを往復した。僕の収入はコロナ禍で激減したままだった。いったい僕はなにをしているんだろう……とサイパンの安い宿で近くのスーパーで買ったカップ麺を啜りながら考える。

二〇二三年もぎりぎりでクリアーした。走り高跳びでいえば、バーとの差は一センチ、いや一ミリほどしかなかった。二〇二四年はまだわからない。危うい綱渡りがつづいている。その間に僕は七十歳になった。

コロナ禍を経て、スターアライアンスの運用面でのサービスは後退してきている気がする。そういう機会がないのでなんともいえないが、最近、遅延や欠航をフォローするスターアライアンス加盟の航空会社間の振り替えはない。ビジネスクラスへの格あげもない。もっとも、ビジネスクラスの席があてがわれるとおどおどしてしまうタイプだからそれほど気にはならないが。僕の指定席はいまも昔もエコノミークラスの席だと思っている。

残っているサービスはいろいろあるのだろうが、僕がかかわるものは、優先チェックインや荷物の優勢扱いだろうか。ラウンジも使える。

ラウンジはいまだ食べ放題で飲み放題である。飛行機に乗れば機内食が出るというのについ食べすぎてしまう。ビールやワインも飲みすぎる。飛行機に高い運賃を払っているのだから、元をとろうと思ってしまうのだ。我ながらせこい性格だと思う。だからラウンジから搭乗口に向かうときはいつもほろ酔い気分。いや酔っているときもある。

優先チェックインとラウンジ……。プレミアゴールドの僕にとってメリットはその程度なのだ。

それなのになぜ、マイレージプログラムのステイタスにこだわっているのだろうか。

僕もだいぶ年をとってきた。旅行作家としての賞味期限も切れてくるだろう。それでもなんとか旅に出たいと思う。それがバックパッカーの本懐だ。僕のステイタスは、足繁く海外を行き来した頃のままだ。それを維持することは旅をすることでもあった。まわる駒は旅がなくなると倒れてしまうということなのか。いや、ユナイテッド航空の術中にはまっただけなのか。

ユナイテッド航空

第六章

七十歳、バックパッカーの旅は続く。

円安や現地の物価高がうれしいわけではない。しかし海外への旅にとっては致命的な環境は、どこかバックパッカー魂を刺激するようなところがある。バックパッカー旅は、ときに貧乏旅行といわれる。いかに足代や食費を切り詰めていくか……それがバックパッカーの旅でもあった。円安と物価高で節約旅を強いられたとき、どこか水を得た魚のように背筋がぴんとのびる。

しかし当初は僕も焦っていた。新型コロナウイルスの嵐が収まったと思ったら、日を追うようにして日本の円は値をさげていった。これで海外へ行ける……という意気込みを萎えさせていくような物価高の話が、現地から舞い込んでくる。ニューヨークではラーメンを一杯食べただけで五千円もかかる、などといった話がニュースになる。知人は娘さんの結婚式のためにハワイに向かったが、スーツケースのなかはカップ麵で埋まったという。海外に出ることが多いから、「これはやばい」と正直思った。旅行作家の収益構造は、フリーランスのそれである。コロナ禍で海外への旅は封印され、国内の旅も制限がかかるなかで、「のんびりアジアを歩こう」などという本が売れるわけがなかった。収入は途絶え、僕はすることもなく、許された都内の山である高尾山ばかり登っていた。

それでも海外への旅への欲求は強いから、まだ便数が少ない飛行機に乗って海外へでる。僕の場合は、やはり起点になるバンコクということになる。

タイは銀行の窓口より、市内にある両替商の店のほうがレートがいい。コロナ禍の収束が見えはじめた二〇二二年の夏、一軒の両替商で一万円札を両替すると、二千六百バーツほどの紙幣を渡された。「これだけ?」。かなり不安になった。新型コロナウイルスの感染がはじまる前、一万円を渡すと三千バーツ近い紙幣を受けとっていた記憶があった。

その後も円はその価値をさげている。経済のパワーのようなものを見れば当然のことなのだ。二〇二四年に入ると、二千二百バーツほどの紙幣を手にすることしかできなくなった。

タイの物価も欧米ほどではないがじりじりとあがっていた。コロナ禍前、日本でガパオライスと呼ばれるガパオムーサップは、庶民店で三十バーツから四十バーツだった。それがいまは五十バーツはする。確実に十バーツほど値をあげた。コンビニや雑貨屋で売っている缶ビールは、銘柄にもよるが四十バーツはする。日本と大差はないわけだ。

こんな経済状況を目の当たりにしたとき、「これは節約するしかない」と思った。そしてその発想は、三十年前、よくタイを歩いた日々と重なっていった。

飲食代を減らすのはそれほど節約効果がないように思った。そもそも高級店に入るタイプではない。街角の庶民食堂で満足できる。日本食を口にしなくてもストレスは生まれない。

交通費だった。

以前はときどきタクシーやバイクタクシーにも乗った。僕はタイにかかわった年数が長いから、円が高かった時代も享受している。一バーツが二・四円ほどになったときは、一万円を両替すると四千バーツ以上の紙幣を受けとった。当時もタクシー代の初乗り運賃は三十五バーツだった。日本円で八十四円。当時の物価と比べなくてはならないが、やはり安かった。バンコクのタクシーは気楽に乗ることができた。バイクタクシーもタクシー並みの運賃だったから、渋滞が激しいときはしばしば乗った。しかし円安のいまはそうもいかない。

バンコクにはBTSという高架電車とMRTという地下鉄が走っていたが、この運賃が物価に比べると高かった。少し乗っただけですぐに四十バーツ、五十バーツといった金額になってしまう。用事があって何区間も乗ると百バーツは超える。会社勤めのタイ人のなかでも電車通勤派は、電車代が一日百五十バーツを超えると嘆く。タイの企業は交通費の支給が基本的にはない。庶民食堂が一食五、六十バーツですむことを考えると割高感が募った。

バンコクに暮らす人々の庶民の足は路線バスだった。政府もそんな事情をわかっているから、バス運賃は抑えられていた。冷房がないバスの場合は八バーツか十バーツだ。冷房バスはその数を徐々に増やしてはいるが、運賃はかなり乗っても三十バーツ以内ですむ。

『歩くバンコク』などの編集を手伝ってくれる会社がオンヌットにあった。そこに向かう機会は多く、いつもBTSを使っていた。しかし高い。宿の近くのバス停を探し、バスルートを調べてみた。四十六番のバスが結んでいた。乗ってみることにした。

バンコクの路線バスの欠点は、いつくるのかわからないことだった。スケジュール通りに始発のバス停を出発するのだが、信号待ちや渋滞が重なって、途中から運行時間がずれはじめる。ときに同じバスが二台つづけてくることもある。バス停のベンチに腰かけ、バスを移動の足にしていた頃の記憶が徐々に蘇ってくる。

手前の信号に停まっているバスが見えた。目を凝らすとフロントガラスの上に四十六番の番号が見える。

「あれだ」

僕は急いで腰をあげ、バスがくる方向に進みはじめる。昔はよくバスに向かって走ったものだった。バンコクのバスは、バス停の位置を無視し、手前で客を乗せると、そのままバス停を通りすぎてしまうことがあった。いつもは走らないタイ人も、バスに乗る前だけは機敏になる。

やってきたのは古びた私営バスだった。市から営業許可を得て、決められた路線を走るのだが、公営バスと違い、家族経営のような空気があった。夫が運転手で妻が車掌になるわけだ。ときに子供を同乗させていることもあった。まだ歩くこともできない子供のために運転席の後ろに手づくりの子供椅子をくくりつけ、そこに子供を座らせ、車掌、いや母親は子供をあやしながら、運賃を受けとり、金属製の筒に収納された切符を乗客に渡す。そんなバスによく乗った。

バス停を飛ばすことはこの私営バスの得意技だった。私営バスは自分たちで採算をとるシステムのようで、乗客数が稼ぎに直結する。激しい渋滞に巻き込まれると収益が減ってしまう。そこで勝手に渋滞区間を避け、違う道を走ってしまうのだ。その間にもバス停はあるわけだから、そこでバスを待っている人は、「バスがなかなかこないなぁ」と呟くことになる。

冷房がないから窓は開け放たれている。周囲やバスのエンジン音がうるさく、車内で会話もできない。その席にぽつんと座ると、バスを頼っていた時代の旅にワープしていってしまう。

バンコクの足は路線バス。それがなければひたすら歩く……。滞在費を節約するために、そんな足どりでバンコクを歩いていたのは何年ほど前のことだろうか。バンコクに都市型交通としての高架電車・BTSが開通したのが一九九九年である。その頃は雑誌の編集や自分の本を書く仕事も増え、ときにタクシーに乗ることもあった。しかしその十年前、僕の年齢でいうと三十五歳ぐらいまで、僕は徹底してバックパッカー歩調でバンコクを歩いていた。

その後、バンコクという街は近代都市の顔を身に着けていく。電車が走り、中心街は背の高いビルで埋まっていく。そこに円高が加わってくる。僕はバンコクの熱気に引っ張られ、円高に押しあげられるように、ちょっとした興奮状態のなかでバンコクを泳いでいた気がする。

タイの人たちの日本人を見る目も違っていた。なにしろアジアのトップグループを構成する経済大国なのだ。彼らの目に映る日本人は豊かさをまとっていた。その渦中で、僕も浮き足だっていた。

旅はバックパッカー歩調だったが、バンコクに入ると、なにかのスイッチが入った。周りから見ればスケールの小さい話かもしれないが、僕にとってはちょっとしたバブルでもあった。日本ではバブル経済にも乗れず、それに背を向けるようにアジアを歩いたが、タイではじまった日本より少し遅れ、規模もやや小さい高度経済成長を反面教師のように眺めながら、タイでプチバブルを味わっていたということなのだろうか。

しかししだいに日本は衰退していく。勢いを増すアジア諸国の経済発展のなかで、その存在感が薄れていく。そして円安と現地の物価の上昇が追い打ちをかける。

日本がその経済力をまだ保っていた頃、タイでロングステイブームが起きる。老後を日本の年金を使ってタイで暮らすという発想である。日本ですごす老後よりはるかに優雅な生活……が謳い文句だった。

その頃からバンコクで暮らす老人と会った。生活は年を追って苦しくなっているようだった。生活資金は日本から送られてくる年金だから、円安はそこを直撃する。

「昔は週に一、二回、日本人が握る寿司屋に行っていたものですがね。いまやタイ人が握るなんちゃって寿司が精一杯。それも週一回。完全に格落ち暮らしです」

日本、そして日本人が格落ちしていくなかで、僕は再びバックパッカー旅に戻っていった。四十年の歳月が流れ、僕は七十歳になっていたが、体にはバックパッカーの旅が沁みついているから、それは意外なほどに簡単なことだった。七十歳になった日本の老人が、「これだ、これだ」と汗を拭きながら、路線バスに座っている姿を、タイ人はどう思うのかは知らないが、歳をとるということは、他人の視線が気にならなくなることでもあるようで、本人は妙にしっくりとバスに揺られているのだ。

それは空港でも同じだった。第五章で僕はプレミアゴールドの顚末をお話しした。このステイタスをもっていると、空港のラウンジを使うことができる。さも優雅にラウンジを使っているように思うかもしれないが、実際は毎回のフライトでラウンジを使っているわけではない。

ステイタスを維持するために、スターアライアンスに加盟している航空会社に乗る必要があるのだが、加盟している航空会社はすべてＦＳＣと呼ばれる航空会社群だ。ＦＳＣというのは、フルサービスキャリアのことで、機内食や飲み物代が無料で、預ける荷物も一定量まで無料ということが多い。無料というのは、飛行機に乗ったときにそう思うだけであって、すべてそのサービスは運賃に含まれているということなのだ。つまり、それらを切り離したＬＣＣに比べると、やはり高いのだ。

少しでも安い航空券を探すというのがバックパッカー気質だから、航空券を買うときにＦＳＣかＬＣＣかでかなり迷うことになる。路線によってはＬＣＣもかなり高くなってきていて、その決断に苛まれることは多い。というか、毎回、悩む。貯まるマイル数と運賃、ＬＣＣの運賃の間で、いつも心は千々に乱れるわけだ。ＬＣＣがかなり安い運賃を出しているときは、どうしてもそちらになびいていってしまう。

しかしＦＳＣかＬＣＣにかかわらず、僕は空港で寝ることが多い。睡眠をとるために空港に行くわけではないが、安い航空券を選んでいくと、そういうことになってしまうのだ。

これはすべての航空券に共通したことなのだが、時間帯が悪いフライトほど運賃が安くなる。早朝や深夜に出発する便が格安フライトになるわけだ。僕は安い航空券をベースに考えてしまうタイプだから、その時間帯の便を選ぶことが多くなる。それはマイルが貯まるＦＳＣでも変わらない。

たとえばソウルから日本に戻る便。早朝の六時台に仁川国際空港を出発する韓国系ＬＣＣが最も安くなることが多い。これまでさまざまな時間帯の飛行機に乗ってきたが、朝便では六時台、七時台というフライトがいちばんきつい。コロナ禍を経て、チェックインタイムが少し早くなり、いまは出発二時間前から二時間半前にはチェックインがはじまるといった航空会社が多い。六時台のフライトとなると、チェックインタイムは三時から四時ということになる。空港と市内の距離にもよるが、仮に一時間とすると、宿を出るのが二時から三時になってしまう。睡眠時間はかなり短くなる。そしてこの時間帯には電車も走っていない街が多いからタクシーになってしまう。街によっては深夜バスを運航させていることもあるが。

ソウルの仁川国際空港の場合、始発電車に乗っても六時台の便には間に合わない。深夜バスもないからタクシーを利用するしかない。となると安いＬＣＣを選んだ意味が薄れてきてしまう。

こういうとき僕はほとんど迷わずに、前夜の最終電車で空港に向かう方法をとる。空港に着くのはだいたい午前零時近い時刻になる。それから三、四時間を空港ですごす方法を選ぶ。

前にも書いたが、空港が好きだ。途上国で貧しい旅をつづけていると、空港はオアシスに思えてくる。冷房が効いていて、なかでは英語も通じる。トイレを自由に使うこともできる。おなかを壊していても大丈夫なのだ。そして怪しげな客引きがいることはまれで、街なかにいるときのストレスもない。意味もないのに空港に入り浸っていたことは何回もある。僕のなかでは空港はそんな場所だから、長時間居座ることにまったく抵抗はない。

終電で着いた僕はターミナルのなかで寝場所を探す。七十歳にもなってこういうのは若干の抵抗感はあるが、僕は空港内で熟睡できる場所を探すのはうまいと思う。いや、そんな航空券を買うことが多いから、自然と寝る場所探しのコツが身についてしまった気がする。いまでもはじめての空港に着くと、隈なく歩く習性がある。通路の奥とか、柱の裏側に視線が向かってしまう。ひょっとしたら次の旅ではこの空港で寝るかもしれない……そんな予感がそうさせるのだろうか。

ソウルの仁川国際空港の快適睡眠スペースは、到着階。入って左側に進み、どん詰まりのあたりにある椅子がいちばん寝やすい。世界の空港のなかで寝やすい場所はだいたい到着階にある。出発階に比べると空きスペースが多いのだろう。

仁川国際空の到着階には多くのベンチがあるが、背もたれがないものがほとんどだ。幅も狭く寝返りを打つと落ちそうになってしまう。しかしどん詰まりにある椅子は背があるので安定感がある。長さがやや短いが、膝を曲げれば腰も十分にのびる。ターミナルの隅なので人通りも少なく、いたって静かだ。

問題は、こういう場所を皆が知っているということだ。少し遅めにいくと、空きスペースがほとんどないことになってしまう。場所とり競争はなかなか厳しい。

アジアのなかでいちばん寝やすいのはシンガポールのチャンギ国際空港だと思う。この空港はアジアでは珍しく、到着階と出発階が同じフロアーになっている。その分、寝場所の選択肢は多くなる。場所をうまく説明できないのだが、ラウンジが集まっている場所に通路があり、そこを進むとまるで中庭のような四角いスペースに出る。床には絨毯も敷かれている。

この場所をみつけたとき、あまりに恵まれた睡眠環境に、なにか別の用途があるのではと思った。隅に座っていると、空港の職員が毛布を片手に現れた。ちゃんとマイ枕も手にしていた。

「あの……ここ寝ていいんですか」

すると男性職員は笑顔をつくった。

「大丈夫ですよ。ここは一応、イスラム教徒がお祈りするスペースなんです。でも、朝までお祈りはありませんから。私？　一応、勤務は終わったんですが、家に帰るバスがもうないんです。始発のバスの時刻までここで寝ることにしてます。仕事のシフトの関係で、一日おきで寝てます。二時、三時になると人も減るせいか、寒くなってきます。冷房が効きすぎるんです。毛布はそのため。なにか羽織るものがあったら着て寝たほうがいいですよ」

僕はザックを枕に体を横にした。しばらくすると、次々に人が現れる。皆、始発のバスの時刻まで寝る人たちだった。

バンコクのスワンナプーム国際空港は、シンガポールのチャンギ国際空港ほど快適な寝場所はないが、僕がいつも寝るのは二階。到着階と出発階の間のフロアーで、飲食店や航空会社のオフィスが集まっている。航空会社のオフィスの前あたりが静かだ。この場所の利点は、ふたつつながった椅子を動かすことができることだ。二個分をつなげると、寝るには十分な広さになる。人によっては四個分でコの字をつくって寝ている人もいる。

かつて僕がいちばんお世話になったユナイテッド航空の東京行きは七時台のフライトだった。四時頃からチェックインがはじまるから、最終電車で空港に向かい、ここで三、四時間ほど眠り、三階のチェックインカウンターに向かっていた。この便は同じスターアライアンスの全日空が引き継いだ。アメリカに向かう人たちがよく使う便だ。

空港で寝る……そんな人たちへの配慮が手厚いのは、台湾の桃園国際空港だと思う。この空港で乗り継ぐ場合、トランジット客用に仮眠スペースがつくられている。空港公認の寝場所だから堂々と体を横にできる。照明が落とされ、そこにビジネスクラスのような椅子が並べられている。スイッチを押すと背が倒れ、水平とまではいかないが、寝やすい態勢になる。しかしこの空港は、もっと寝やすいスペースをつくってくれている。ラウンジがあるフロアーの隅。壁に沿って開放型だがカプセルホテルのようなスペースをつくってくれている。

バンコクから東京に帰るとき、台湾のエバー航空が安いことがある。この航空会社はスターアライアンスに加盟しているからユナイテッド航空のマイレージプログラムにマイルを貯めることができる。

しかし安い便は深夜に台北に着き、朝、東京に向かう便になることが多い。台湾の桃園国際空港での待ち時間は七、八時間……。ラウンジも使えるが、二十四時間体制ではないので、深夜になると追い出されてしまう。しかしこの空港なら心配ない……

そんな感覚が僕のなかにはある。

結局そういうことになってしまう……。年齢を重ね、老人といわれる域に達している。頑張ってマイルを貯めて、プレミアゴールドのステイタスももっている。しかし寝ているのは、空港のベンチや床なのだ。若い頃となにひとつ変わっていない。

バックパッカー――。

体に沁みついた旅の因子は、どこまでいっても貧乏くさい。

僕の寝場所（サンフランシスコ国際空港）

あとがき

本書の原稿は二〇二四年の十一月に脱稿した。書きはじめたときに設定された締め切りより二ヵ月も遅れてしまった。

悩んだのは、バックパッカーの立ち位置だった。僕の半生、いや人生は、バックパッカーになったことで決められたようなところがあるが、バックパッカー旅はそれほど重くはない。浮かれ雲のような気まま旅なのだ。しかし困ったことに、旅先には多くの人がいて、皆、強い磁石で引きつけようとする。それは意図したものではないのだが、気がつくと旅先のさまざまな人生に絡めとられてしまう。そんな日々を受け入れるか、どうか……。それがバックパッカーの感性のように思う。その顚末を書き込もうとしたが、原稿は行きつ戻りつを繰り返した。

なんとか書きあがった原稿はゲラになり、それを推敲しているうちに二〇二五年になった。

状況はなにも変わっていない。二月にはバングラデシュのコックスバザールに行くつもりだ。コックスバザールに鉄道駅ができ、ダッカから列車で向かうことができるようになった。その列車は旅心をくすぐるが、その先には、学校の先生との給料話が待っている。

「歩くバンコク」は発売になったが、それにつづく台北やソウルの編集作業に忙殺されている。

ミャンマーでは、出口のない悲惨な内戦がつづいている。日本にいるミャンマー人は苛だちと無力感に苛まれている。僕のところには、毎日のように切ない光景を伝える動画が送られてくる。なんとかその現状を伝えようと思うのだが、バックパッカーあがりの旅行作家の限界も感じている。

ユナイテッド航空は、年が変わり、ステイタスを維持するためのハードルをまたあげてきた。もう脱落しようか……。その思案のなかにいる。

長い旅がまたはじまりそうだ。コロナ禍で止まってしまった旅の企画が復活しつつある。さらに進んだ円安のなか、旅の費用を考えると頭が痛い。強いられるバックパッカー旅のなかで、僕は空港や鉄道駅の片隅で眠ることになるのだろう。

老いたバックパッカーは、どこまで旅をつづけられるのだろうか。

出版にあたり、産業編集センター編集部の佐々木勇志氏のお世話になった。

二〇二五年二月　下川裕治

下川裕治（しもかわ・ゆうじ）

1954年（昭和29）長野県生まれ。ノンフィクション、旅行作家。慶応義塾大学卒業後、新聞社勤務を経てフリーに。『12万円で世界を歩く』（朝日新聞社）でデビューし、以後、アジアを主なフィールドにバックパッカースタイルで旅を続け、次々と著作を発表している。『週末ちょっとディープな台湾旅』『週末ちょっとディープなタイ旅』（朝日新聞出版）、『旅がグンと楽になる7つの極意』（産業編集センター）、『東南アジア全鉄道制覇の旅』（双葉文庫）『沖縄の離島 路線バスの旅』（双葉社）『日本ときどきアジア古道歩き』（光文社）など著書多数。

わたしの旅ブックス

059

70歳のバックパッカー

2025年3月13日第1刷発行

著者――――――下川裕治

デザイン――――松田行正＋杉本聖士（マツダオフィス）

編集――――――佐々木勇志（産業編集センター）

発行所―――――株式会社産業編集センター
〒112-0011
東京都文京区千石4-39-17
TEL 03-5395-6133　FAX 03-5395-5320
https://www.shc.co.jp/book

印刷・製本 ―――株式会社シナノパブリッシングプレス

ISBN978-4-86311-437-1 C0026